Du même auteur

L'Adultère, Casterman, 1970

Vers la société érotique, Grasset, 1971

Sexualité et féminité, Éditions sociales, 1974

Freud, Temps Actuels (EFR), 1976

Le métier de père, Casterman, 1979

Le Divan et le prolétaire, Messidor-Éditions sociales, 1986

Militer, quelle folie !, Messidor-Éditions sociales, 1990

Dr Bernard Muldworf

JE T'AIME, MOI AUSSI

Les conflits amoureux :

les comprendre pour les résoudre

•MARABOUT•

Et pourtant aimez-moi, tendre cœur ! soyez mère,
Même pour un ingrat, même pour un méchant ;
Amante ou sœur, soyez la douceur éphémère
D'un glorieux automne ou d'un soleil couchant.

Charles Baudelaire
Chant d'automne (*Les Fleurs du mal*).

AVANT-PROPOS

L'amour, quelle histoire !

L'amour, ça se vit, il ne faut pas chercher à le comprendre. Ce serait risquer de lui faire perdre sa magie, la part de rêve nécessaire à sa survie, cette poésie naïve et profonde que tous les amoureux réinventent chaque fois. L'amour, chacun peut le décrire à sa façon, chacun exprime ce qu'il éprouve avec ces mots simples, les mots de tous les jours, ceux-là mêmes qu'échangent entre eux ceux qui s'aiment. Il y a, bien entendu, les « spécialistes », qui savent extraire des mots toutes leurs résonances et, en découvrant les secrets du langage, apprennent aussi à lire dans les cœurs. Les poètes, les romanciers, les écrivains de théâtre connaissent les secrets des sentiments, ou, plutôt, leur sensibilité leur donne les moyens de les décrire et de les comprendre simultanément.

Aussi, comprendre l'amour, c'est peut-être, tout compte fait, apprendre à mieux le vivre, c'est-à-dire en explorer toutes les richesses. A la sortie d'un cinéma, d'un théâtre, d'un opéra ou d'un concert, à la lecture d'un roman, bouleversé jusqu'aux larmes par l'émotion, n'a-t-on pas l'impression d'avoir appris quelque chose sur soi-même, et, parfois, à mieux aimer ? Ainsi, le « vécu » et le « comprendre » ne sont pas contradictoires. Au contraire.

C'est l'expérience que font, quotidiennement, les psychiatres et les psychanalystes, qui sont, à leur manière, des « médecins du cœur ». Leurs patients sont des « malades du cœur », non pas celui des cardiologues, qui s'occupent du cœur « physique », car les « maladies du cœur » auxquelles ils ont affaire concernent le cœur « psychique ». Que le « cœur » soit la métaphore de l'amour est intéressant à plus d'un titre. Le cœur réagit à toutes les émotions. Elles sont étroitement imbriquées avec les différents mouvements de la vie affective. Elle-même est étroitement liée à la sexualité.

Seulement voilà: l'amour, contrairement aux idées reçues, n'est pas vieux comme le monde. Le couple non plus, d'ailleurs. C'est le *rapport sexuel* qui est vieux comme le monde, et permet son éternel recommencement. La notion de *relation* sexuelle nécessite une évolution préalable de l'humanité, qui permette aux humains de se reconnaître de sexe différent, d'avoir cette *conscience* de la différence, grâce à laquelle le besoin sexuel prend sa signification psychologique. *L'amour sexuel* est une nouvelle et importante étape dans cette évolution. C'est la naissance des « sentiments », issue probablement des premiers sentiments religieux (impliqués dans la reconnaissance du sens de la mort), qui permet au groupe humain de définir la relation affective différenciant la position de chacun des membres de la structure familiale. Ainsi, *l'amour*, au sens moderne du terme, est une acquisition psychologique tardive. Il apparaît quand l'organisation sociale devient plus complexe, quand naissent les classes sociales et les diverses hiérarchies qui structurent la société. La famille, le couple conjugal obéissent à ces nécessités issues des hiérarchies sociales. Que les mariages soient princiers, féodaux ou bourgeois, leurs nécessités sont essentiellement d'ordre économique, politique ou de prestige. L'homme de la plèbe, serf ou artisan, est, en quelque sorte, marié de force pour répondre aux besoins économiques ou aux convenances personnelles du groupe hiérarchique dominant.

L'amour sexuel, c'est-à-dire l'attraction réciproque, ou plutôt, la plupart du temps, l'intérêt sexuel de l'homme pour la femme, existe en dehors du mariage. Ces liaisons hors-mariage ne s'appellent pas encore « adultères » parce qu'elles vont de soi. Elles sont réservées aux classes dominantes. Il n'est pas nécessaire d'être historien ou sociologue pour le savoir. Il suffit d'avoir lu *les Trois Mousquetaires*.

Il est intéressant de souligner pour notre propos que l'amour sexuel est un progrès psychologique qui suppose la reconnaissance de l'autre (sexe) comme « objet » de la flamme (amoureuse). La plupart du temps, la femme est l'« objet » de cette attraction érotique, pour des raisons complexes que nous essayerons d'élucider plus loin.

De même, l'accès au *droit de former un couple*, pour les couches populaires, est un progrès à la fois psychologique et politique. Le caractère historique et social des structures de la vie sexuelle, c'est-à-dire leur caractère *relatif*, ne signifie pas qu'elles soient volatiles et qu'elles puissent s'évaporer du jour au lendemain. Au contraire : la lenteur de leur promotion est en quelque sorte le gage de leur durée. D'ailleurs, on se rend compte que malgré les divers bouleversements sociaux et historiques, notamment ceux issus des diverses révolutions, les rapports entre les sexes ont, sur le fond, subi peu de changement. Une certaine évolution dans les mœurs, dans les « mentalités », peut donner l'impression d'une fragilisation des structures traditionnelles : concubinage plus ou moins répandu, augmentation sensible des divorces, etc. Mais il n'y faut rien voir d'autre qu'une crise des institutions (du mariage par exemple) et des valeurs morales d'origine chrétienne. Une certaine « libération » de la femme rend celle-ci plus lucide et plus exigeante quant au choix de son compagnon.

Aussi, l'amour sexuel en tant que valeur affective privilégiée n'a pas encore dit son dernier mot, loin de là. Et le couple, quels que soient les « cas de figure » (conjugalité, adultère, passion, etc.), continue à se chercher. C'est donc cet amour au quotidien que nous allons interroger, tel qu'il est vécu par nos contemporains.

Quel est notre mode d'approche ? Il est issu de la pratique quotidienne du psychiatre et du psychanalyste qui sait, par expérience, que ses patients sont des « malades de l'âme ». Ils sont prisonniers des « maladies de l'affectivité », ces « maladies du cœur » dont l'expression imagée décrit quelques effets sans apporter d'autre éclaircissement. C'est l'« affectivité » qui est en cause, à différentes étapes de la vie, et dont les conséquences, à plus ou moins de distance, se traduisent dans les difficultés psychologiques ou psychiques que nous avons à traiter. Notre pratique nous assure de l'importance *vitale* de l'affectivité dans l'existence humaine. Le psychiatre n'est pas nécessairement « psychologue », mais il le devient. A moins d'être sourd et aveugle, ce qui est rarement le cas, il entend, à longueur de journée et à longueur d'années, des « histoires de vie », ce que, dans le jargon médical, on appelle des « cas ». Ils lui donnent cette sensibilité particulière et cette intuition grâce auxquelles il accède à une connaissance profonde de l'âme humaine, dans ses relations avec l'histoire des individus.

Les patients du psychiatre sont, à vrai dire, *malades de leur histoire* (comme nous le sommes tous), surtout de leur histoire infantile. Une « crise de folie » qui éclate à l'âge adulte peut être inscrite dans certaines péripéties de l'histoire infantile, qui fragilisent le sujet aux divers conflits de la vie. Prenons l'exemple d'un père rentrant au foyer après des années de captivité lors de la dernière guerre, amer, aigri par toutes ces années perdues et à jamais irrécupérables. Il a laissé sa femme et un enfant (un fils par exemple) âgé de six ou sept ans. Il retrouve un adolescent d'environ douze ans qui, durant son absence, a formé un couple étroit avec sa mère. Le père est jaloux de leur connivence. Il n'arrive pas à retrouver sa femme; elle-même ne parvient pas à le reconnaître. C'est le garçon qui fait les frais de ces retrouvailles impossibles. Son père le persécute, le méprise, l'empêche d'assurer sa confiance en soi, tellement nécessaire à cette période importante du développement physique et psychologique de l'individu. Il sera, en quelque sorte, malade de cette agressivité rentrée qu'il ne peut exprimer contre son père, ce qui le met en situation de culpabilité permanente. Cette culpabilité, ultérieurement, se traduira en crises d'angoisse insupportables. Dans d'autres cas, elle pourra se transformer en accès de violence.

Oui, nous sommes tous « malades » de notre histoire: à chacun de la « gérer » au mieux. (Et de compter sur une « bonne étoile ».)

Le psychanalyste, grâce à sa formation et à la pratique particulière qui est la sienne – la cure psychanalytique ou ses variantes sous la forme de « psychothérapies » –, travaille directement sur les « sentiments ». La parole du patient est son matériau privilégié: mais c'est une parole « affective », portée par les mouvements de l'affectivité profonde, qui s'adresse à quelqu'un, le psychanalyste, qui se trouve alors doté de tous les pouvoirs, en « bien » comme en « mal ». Cette expérience singulière apporte un point de vue particulièrement intéressant sur les rapports entre l'histoire du patient et les misères psychologiques qui l'amènent à la cure. La situation psychanalytique fait « parler » le patient d'une certaine manière: ce qu'il énonce, il le fait dans l'« ici » et le « maintenant » de la séance de psychanalyse. Alors apparaissent dans son discours des formulations étranges qui ne sont rien d'autre que l'expression de désirs anciens, archaïques: c'est ce qu'on appelle la « régression », la « marche arrière » vers un passé révolu, qui fait retour dans la parole du patient, du fait qu'il s'adresse à un *auditeur-écoutant* privilégié.

Ainsi se déroule la préhistoire infantile du patient, ou, du moins, ce qu'il en a retenu, et la façon dont il l'a vécue. Ce n'est pas une histoire « vraie » : c'est une histoire subjective, qui ne peut avoir de caractère d'objectivité, parce que, dans le domaine affectif et psychologique, tout se passe « dans la tête ». Ainsi, le « subjectif » l'emporte sur l'« objectif ». C'est ce mouvement même qui est spécifique de l'amour. Dans l'amour, tout se passe « dans la tête » et dans le corps. Mais ça se passe dans le corps parce que ça se passe avant tout « dans la tête ». C'est ce rapport de la « tête » au « corps », du « psychique » au « physique » que la psychanalyse permet d'éclairer.

En effet, à quoi servirait un travail sur l'amour et le couple qui se contenterait de décrire, avec moins de talent, ce que tant d'auteurs illustres ont formulé de façon brillante et subtile ? Freud lui-même accordait beaucoup d'importance aux romanciers et aux poètes, notamment au poète allemand Heinrich Heine et aux romanciers autrichiens Stefan Zweig et Arthur Schnitzler. Ce dernier, dans ses romans et ses nouvelles, a fait preuve d'une très grande intuition des problèmes de l'amour, très proche des découvertes de la psychanalyse.

L'affectivité est, en quelque sorte, la « matière première » de la psychanalyse. Mais sa découverte essentielle concerne les relations étroites qui unissent la vie affective et la sexualité. D'une certaine manière, on peut dire que les patients du psychanalyste sont des « malades du désir ». Cependant, cette formule un peu réductrice peut prêter à confusion. La psychanalyse montre comment se *constitue* le désir (ce qui « se passe dans la tête »), à partir des diverses transformations subies par la sexualité, depuis la toute petite enfance jusqu'à la puberté.

Les chemins empruntés lors de ces transformations sont parfois étranges et déconcertants. Ainsi, il y a de nombreuses années, ai-je reçu en consultation un patient qui ne pouvait avoir de relations sexuelles avec une femme qu'à la condition que celle-ci portât un imperméable. Pour mon propre compte, je l'avais appelé « l'homme à l'imperméable ». Sa vie privée était difficile et compliquée. Il fut amené à divorcer deux fois, parce que ses compagnes n'arrivaient pas à s'accommoder de son rituel. Par ailleurs, les jours de pluie, lorsque les femmes déambulaient dans la rue vêtues d'un imperméable, il était très malheureux. En proie à une grande excitation sexuelle, il gardait suffisamment de contrôle pour ne pas risquer de passer à l'acte.

Comment comprendre une telle « histoire »? Ce patient, qu'on range dans la catégorie des « perversions », n'était pas très fidèle à nos rencontres psychothérapiques; d'un côté, il voulait « guérir », pour mener une vie amoureuse « normale »; de l'autre, les satisfactions sexuelles ainsi obtenues étaient tellement fortes qu'il n'avait, à vrai dire, aucune raison d'y renoncer. Peut-être a-t-il trouvé une compagne plus coopérante? Rétrospectivement, quand il m'arrive de penser à lui, je suis tenté de le ranger parmi les « fétichistes ». Or, le « fétichisme » est inhérent à la vie sexuelle. Il existe toujours *a minima.* (D'ailleurs, s'il avait pu trouver rapidement une compagne plus compréhensive, prête et disposée à partager son scénario fantasmatique, il ne serait jamais venu me consulter.) Tout le dispositif vestimentaire de la femme fonctionne sur le mode « fétichiste » *a minima.*

Dans un registre opposé, une patiente est venue me consulter parce que son mari avait besoin, pour mobiliser son désir sexuel, qu'elle se déguise en strip-teaseuse avec porte-jarretelles, bas résille, etc. J'ai voulu l'amener à se montrer « tolérante » et à entrer dans cette mise en scène;

je ne suis pas sûr de l'avoir convaincue. Quel que soit le scénario imaginaire nécessaire à la mobilisation du désir, il faut qu'il soit *partagé* par les deux partenaires.

La vie sexuelle de l'être humain est, en quelque sorte, « perverse » par nature, parce que son objectif est la recherche du plaisir *par tous les moyens*. (Chez l'animal, la sexualité sert essentiellement à la reproduction de l'espèce.) *L'entente sexuelle* constitue précisément, dans ce partage, cette connivence, cette complicité, le « moyen » nécessaire pour accéder au plaisir.

La vie affective est très marquée par cette « empreinte » sexuelle : les soins maternels, contacts, touchers et caresses que le petit enfant reçoit dès les débuts de sa vie, cette « sensualité » primaire conditionne la suite du développement psychosexuel. Mais elle conditionne aussi, et *surtout*, la suite du développement psychologique, affectif et *physique*.

Une de mes patientes, kinésithérapeute, qui a mis au point une sorte de psychothérapie par approche corporelle faite de massages et de rééducation psychomotrice, m'a rapporté une curieuse expérience. Elle m'est d'un très grand intérêt pour soutenir la thèse que je voudrais défendre tout au long de cet ouvrage : l'« amour » commence dès les tout débuts de la vie, il est la nécessité vitale la plus importante pour que cette vie, ainsi apparue, puisse se développer et former un individu qui deviendra un sujet humain. Cet « amour » s'exprime d'abord par les *contacts physiques* pour se développer ensuite et donner toute sa complexité à la *vie affective*. C'est parce que l'affectivité est une nécessité vitale que l'amour, tel que nous le connaissons à l'état adulte, c'est-à-dire *l'amour sexuel*, est source à la fois de bonheur et de souffrances, de problèmes nombreux, parfois d'une complexité inouïe. Pour reprendre une formule de Stendhal, *« il est la chose la plus importante au monde »*.

Décrivons cette expérience. Un jeune garçon, âgé de deux ans, a un frère jumeau. Leur histoire est identique. Ce sont des enfants venus d'un pays étranger adoptés à l'âge de trois mois environ. Nés *prématurés*, ils ont dû, de ce fait, séjourner en « couveuse », j'ignore combien de temps. La « pathologie » de ce jeune enfant est la suivante : tout comme son frère, il n'aime pas les « câlins », refuse les contacts physiques, les caresses et les embrassades. Surtout, il présente une *contracture musculaire plus ou moins généralisée* qui l'empêche parfois de se tenir debout et, plus particulièrement, de *marcher*.

La thérapie, du moins ce que j'en connais, s'est déroulée de la manière qui suit : ma patiente a mis l'enfant à plat ventre sur ses genoux, les jambes légèrement écartées pour lui ménager un certain espace de confort, puis elle l'a massé tout doucement, notamment le dos, en lui parlant, les massages ayant à la fois une fonction de décontraction (ce qui est leur effet thérapeutique) et de caresses. La parole reconstituait un univers humain indispensable par son contenu de significations et, également par son effet *musical* de caresse verbale. L'entreprise a duré entre vingt et trente minutes. A la fin de la thérapie, lorsque la mère est entrée dans le cabinet de soins, *l'enfant a couru vers elle pour se jeter dans ses bras*. Je ne sais rien de plus, pour des raisons faciles à comprendre, mais cela me suffit, et je suis tout à fait assuré de l'authenticité de ces faits. Je ne veux pas insister sur le caractère intensément émotionnel d'une telle situation. C'est son aspect *expérimental* que je juge intéressant de commenter, dans la perspective qui est la mienne. Je pense important de noter le détail suivant : à une certaine phase de la thérapie, l'enfant a tourné la tête et l'a blottie dans la main gauche de la thérapeute restée libre.

Deux éléments importants sont à prendre en considération : le fait de la *prématurité* et le fait de l'adoption, qui ont, l'un et l'autre, une égale importance. La *prématurité* est un fait assez courant à notre époque. Les techniques obstétricales actuelles, qui accompagnent la surveillance régulière du développement de la grossesse, permettent la mise au monde d'enfants qui, en d'autres circonstances, seraient mort-nés, ou bien auraient été « évacués » lors d'avortements spontanés. La viabilité de tels enfants est à peu près assurée à partir de six mois et demi. La mise en couveuse n'a pas la prétention de reconstituer l'univers intra-utérin. La couveuse maintient la température à 36 °C (constamment contrôlée) et assure l'humidification adéquate. L'enfant est nourri par des sondes nasales qui vont jusqu'à l'œsophage, lui apportant en alternance du sérum physiologique ou glucosé et du lait *prédigéré*. (Ce lait est du lait maternel, ce qui est important pour déculpabiliser la mère et pour la suite de ses rapports avec l'enfant.) Celui-ci ne quitte jamais la couveuse : son séjour peut durer jusqu'à environ deux mois, le temps d'atteindre un poids approximatif de 2 kg 300 et, surtout, une température *stable* (fixée à 36°8). Les soins, le changement du linge se font à travers des sortes de hublots-sas ; il est très important qu'ils soient assurés par la mère. Les couveuses perfectionnées contiennent des pesons qui permettent de peser le bébé à l'intérieur. Soulignons l'importance capitale des soins prodigués par la mère, qui ne doit jamais perdre le contact (physique et psychologique) avec son nourrisson. Il n'est pas sûr que toutes ces garanties soient fournies dans les pays sous-développés, d'où proviennent souvent les enfants adoptifs.

L'adoption est également un « fait de société », relativement fréquent à notre époque. La procédure en est toujours complexe. Malgré le perfectionnement des techniques de « maternité assistée » (implantation in vitro, fécondation in vitro [F.I.V.], insémination artificielle, parfois avec donneur anonyme [I.A.D.], etc.), certains couples, réticents à ces techniques, redoutant leur échec, ou encore par préférence, choisissent l'adoption. Beaucoup savent peu, ou mal, la complexité psychologique et affective d'une telle situation. (Notamment, la culpabilité intense de l'enfant adoptif, qui se demande quelle faute il a bien pu commettre pour être ainsi abandonné, c'est-à-dire rejeté par ses parents, surtout par sa mère. Quel que soit l'âge, ce sentiment, même très fruste, même informulable, existe toujours.)

Dans le cas qui nous occupe, l'enfant supporte ces deux handicaps, probablement aggravés par une insuffisance d'intérêt psychologique lors de son séjour en couveuse. L'absence de soins maternels, de caresses, d'attentions affectueuses que portent, en général spontanément, les mères à leurs enfants, l'a rendu, en quelque sorte, « allergique » à ce genre de démonstrations (tout comme son frère jumeau). D'où sa peur permanente, l'angoisse diffuse qui l'habite faute d'avoir été apaisée, *dès la naissance*, par une présence maternelle attentive. Il réagit à cette angoisse par une contracture musculaire généralisée, symptôme spécifique de l'état d'alerte, d'hypervigilance suscitée par la peur. Les massages, habilement prodigués, ont pallié assez rapidement cette carence de contacts physiques liée au contexte particulier de sa naissance.

Je ne dirai rien de plus de ce « cas », qui me paraît exemplaire. Exemplaire, parce que tout enfant humain, même au terme de neuf mois de grossesse, naît prématuré. Il existe une théorie formulée par le biologiste hollandais Bolk, dite de la *fœtalisation*. Cette théorie, peut-être humoristique, affirme que l'être humain est, en quelque sorte, le fœtus d'un singe anthropoïde né prématurément. Peu importe: « singe» ou « homme », l'enfant humain naît dans *l'impuissance totale* à satisfaire tous les besoins nécessaires à sa survie. Freud l'a souligné maintes fois. Le psychologue français Henri Wallon en a fait une description magistrale (dans *l'Évolution psychologique de l'enfant*,

1941), avec toutes les implications que cette situation implique. Cette impuissance originelle rend le petit de l'homme *totalement dépendant* de ses « éleveurs », de sa mère notamment.

Toute la psychanalyse repose sur ce postulat de la dépendance de l'enfant humain par rapport à ses parents. C'est là le fondement de la constitution affective et sexuelle du sujet humain. La découverte fondamentale de Freud est la suivante : c'est par l'intermédiaire de la satisfaction des grandes fonctions d'autoconservation (faim, soif, excrétion, etc.) que naît *la sexualité primaire* (« sexualité infantile »), par le supplément de plaisir, la « *prime de plaisir* » (selon l'expression de Freud) qui accompagne *nécessairement* cette satisfaction, dès lors qu'elle s'accomplit dans une *situation relationnelle*, en particulier du fait de la présence de la mère, pourvoyeuse de soins et de caresses. C'est la théorie de *l'« étayage »*, que je développerai plus loin.

Cette théorie me rappelle *l'histoire de la chatte corse*. C'est le nom que je donne à une expérience tout à fait singulière qu'il m'a été donné de vivre et qui, surtout, m'a fait beaucoup réfléchir. La Corse, « l'Île de Beauté » comme on l'appelle si justement, se caractérise par son maquis, une végétation très dense et relativement haute, toujours verte, riche en parfums, peuplée d'arbres et de plantes multiples : chênes-lièges, pins, oliviers au milieu d'arbustes poussant très serrés et très touffus, cystes, arbousiers, lentisques, etc. Comme le rappellent les guides touristiques, la Corse est une montagne plantée dans la mer. Elle associe la grande diversité de la couleur verte du maquis au bleu intense de la mer et au bleu plus pâle du ciel, créant cette sensation de beauté tout à fait particulière. L'intérêt, pour mon histoire, tient au fait que beaucoup d'animaux y vivent en liberté, notamment les animaux domestiques. Ils se perdent parfois dans le maquis.

La « chatte corse » est de ces orphelins involontaires qui, durant l'hiver, sont confrontés à la dure loi de la lutte pour la vie, tandis qu'à la belle saison ils trouvent des parents nourriciers parmi les nombreux touristes qui séjournent dans des résidences, appelées « secondaires » faute de reconnaître la valeur affective de ces lieux d'accueil.

A chacun de nos séjours, dès que la maison était ouverte et que les odeurs de cuisine s'évanouissaient dans l'air, la chatte, maigre mais déjà grosse d'une future portée, rôdait alentour, dans l'attente de l'assiette des résidus de repas que nous lui réservions systématiquement. Cette situation d'assistance alimentaire se répétait et, au bout de quelques jours, mon épouse, en « mère » affectueuse, mais prudente (car cette chatte sauvage était terriblement dangereuse), tentait quelques caresses. Que la chatte, finalement, acceptait. L'expérience se répétait, avec ce caractère mixte, immuable, liant intimement nourriture et caresses. Bientôt, la chatte, en promeneuse désintéressée, ne se préoccupa plus que de recevoir sa ration de caresses, que seule ma femme, la nourricière, avait le droit de lui donner.

Le manège nourriture/caresses dura longtemps, plusieurs années, à chacune de nos vacances. La chatte vieillissait, nous aussi. Elle perdait ses dents, non ses griffes. Nous étions toujours dans l'attente de son arrivée. Sa compagnie nous était insolite, parce qu'il nous fallait toujours être sur nos gardes. Parfois, elle arrivait en retard, parce qu'elle avait trouvé, en cours de route, d'autres nourriciers, c'est-à-dire de nouveaux résidents. Mais elle nous restait toujours fidèle. Enfin, elle n'est plus revenue. Nous l'avons attendue plusieurs années de suite. Mais il nous fallut accepter la rude vérité : notre chatte était morte, de vieillesse ou d'épuisement, ou encore dans une de ces luttes, souvent inégales, que se livrent entre eux les animaux sauvages, à celui qui mangera l'autre. Nous avons été tristes, un certain temps. Mais sa silhouette décharnée, sa démarche boitillante de vieil animal rompu à tous les combats nous restent toujours en mémoire.

Que vient faire cette sympathique (mais dangereuse) chatte corse dans ce travail sur l'amour et le couple ?

Ma préoccupation, pour fonder la problématique complexe de l'amour, est de le déceler à ses tous premiers commencements, à ses racines. La théorie de l'« étayage », élaborée par Freud, se trouve être « vérifiée », si je puis dire, par la simple observation de cette vieille chatte. (Il n'y faut voir aucun anthropomorphisme, lequel consiste à attribuer aux animaux des pensées et des sentiments humains.) C'est d'abord la nourriture, élément vital s'il en est, qui intéresse la chatte. Dans un deuxième temps, elle vient uniquement pour se faire caresser. D'abord la *nourriture*, ensuite, pour son propre compte, le *plaisir*. Que dire de plus ? Sinon que tout l'élevage des animaux domestiques repose sur ce double registre, et le dressage des animaux plus sauvages sur le doublet contradictoire punition-récompense.

Cette nécessité vitale qu'est l'amour, parce que constitutive de tout le développement de l'humain, fera l'objet du premier chapitre de ce livre, premier chronologiquement et structurellement : on ne pourra rien comprendre à l'amour, dans la très grande diversité de ses configurations, si l'on n'a pas d'abord présente à l'esprit la construction, complexe et fragile, de ses fondements.

Le deuxième chapitre sera consacré aux *vicissitudes du couple*. De la même façon que l'être humain naît dans une *relation duelle* qui deviendra triangulaire (avec l'apparition du père), et qu'il est, en quelque sorte, être social par « nature », l'expérience de *l'amour sexuel*, à la fois pour des raisons biologiques et psychologiques – étroitement imbriquées –, se fait dans une structure de couple. Le grand problème, en l'occurrence – outre celui du *choix amoureux*, lui-même très difficile à élucider –, est celui de la *constitution* du couple et de son *maintien*. Comment fait-on pour « s'entendre » au quotidien ? Avec les mouvements d'humeur dus à la fatigue ou à la maladie ? Quand on se réveille le matin, les cheveux en broussaille, le teint blafard et le regard vague ? Et puis, toutes les activités intimes, leurs odeurs, comment fait-on pour ne plus y prêter attention, les oublier ? L'habitude, dira-t-on. Oui et non. La cohabitation au long cours, « à plein temps », est *l'épreuve de vérité* pour la vie du couple. Les jeunes amoureux qui se trouvent (heureusement !) beaux et merveilleux auront à affronter toutes ces servitudes, toutes ces contraintes, toutes les ingratitudes de la quotidienneté. Comment fait-on pour « tenir le coup » ? Cela ne va pas de soi. Seule la transformation de l'amour en un compagnonnage fait de tendresse et de solidarité, assuré par la permanence du désir, permet cette mutation profonde, liée à l'évolution des partenaires, à la *maturation* que produit et nécessite la vie en commun au quotidien. Quand cette maturation se fait mal, ou bien quand elle évolue de façon trop dissymétrique, commence une difficile période de turbulences. Elle réclame des réajustements, lesquels se font parfois spontanément, sans quoi les deux partenaires, du fait des divergences affectives et psychologiques qui les séparent, deviennent progressivement des étrangers l'un à l'autre. C'est alors la fin du couple. D'autres expériences viendront, qui pourront assurer à chacun des partenaires une nouvelle issue dans la formation d'un nouveau couple.

Le problème de la vie sexuelle, ce que j'ai appelé *l'érotisme au quotidien*, est très complexe. Quand on le vit spontanément, l'érotisme semble aller de soi. Mais à y réfléchir d'un peu plus près, les évidences tombent : on en vient à se demander avec angoisse comment peut durer le désir. Ce questionnement sera au cœur du troisième chapitre.

Pour comprendre l'amour sexuel – c'est-à-dire l'amour tout court – dans son aspect érotique, sa dimension *libidinale*, pour comprendre, en somme, le *plaisir*, que recherchent à juste titre les « amoureux », et qui, pour une bonne part, conditionne leur attraction mutuelle, il faut faire appel à la notion des deux courants, l'un *tendre*, l'autre *sensuel*, élaborée par Freud. Le courant tendre est issu des premières expériences affectives, le courant sensuel des premières expériences de plaisir. On a vu comment chacune de ces expériences originaires se conditionnent l'une l'autre. L'amour sexuel est constitué par l'imbrication serrée de ces deux courants. Leur association est parfois plus souple. Elle est très variable selon chaque individu. Il y a des sujets qui « tombent amoureux » chaque fois qu'ils font une rencontre, même brève. Il y en a d'autres qui recherchent essentiellement le plaisir. Parfois, il arrive qu'une expérience à visée purement sexuelle prenne la forme de l'amour. La dissociation de ces deux courants est parfois source de problèmes. On pourrait dire que leur association constitue le « tempérament amoureux » d'un sujet. Autant de « tempéraments » que d'individus; parfois, certaines expériences révèlent le « tempérament » que l'on ignorait. Il semble que chez la femme, l'association des deux courants soit plus étroite, plus serrée. Le plaisir sexuel de la femme est d'ailleurs plus global: sa dimension psychologique est souvent importante. Celui de l'homme est plus focalisé, directement explicité, en quelque sorte, par le phénomène de l'éjaculation.

La dissociation des deux courants est un problème à la fois complexe et subtil. Un de mes patients possède un tempérament sexuel vigoureux. Sa compagne est loin d'être à son diapason: il s'en trouve frustré. Son amie lui reproche de ne pas être suffisamment tendre avec elle, l'empêchant d'être disponible à l'approche sexuelle. En réalité, elle se trouve elle-même en difficulté. Mon patient, en fait, peut exprimer de la tendresse avec son petit enfant, car il a la certitude justifiée d'être payé de retour. Avec sa compagne, il reste inhibé, bloqué. Pourquoi ? Issu d'une famille très modeste où frères et sœurs étaient inégalement chéris par leurs parents, il n'a jamais été aimé de sa mère, qui n'avait pas voulu de lui. Elle l'a rejeté. Aussi, faute d'avoir connu la tendresse (maternelle), il ne sait pas la donner, ou, plutôt, il a *peur* de la donner, il ne veut pas (ou ne peut pas) courir ce risque, par crainte de vivre à nouveau l'abandon. Dans ce cas, il ne s'agit pas d'une véritable dissociation des deux courants, mais d'un problème beaucoup plus complexe. J'ai connu une patiente venue me consulter parce que, selon elle, tout en aimant son mari d'amour, elle tirait peu de bénéfices de leurs rapports sexuels. Elle cherchait le plaisir sexuel ailleurs, dans des rencontres de hasard – sans beaucoup plus de résultats, d'ailleurs. Un attachement intense à son père lui faisait rechercher, chez son compagnon, le renouvellement de la tendresse paternelle. Elle ne pouvait pas en recevoir plus.

Tous ces « clichés », lieux communs de la psychanalyse, m'amusent, et aussi m'étonnent. La vie, c'est comme dans les livres, me dis-je. En fait, le psychanalyste ayant un peu de bon sens et de curiosité ne cherche pas dans sa pratique la vérification de la théorie. En réalité, c'est la pratique, dans sa grande diversité, qui valide la théorie et, parfois, exige qu'on la modifie si une nouvelle expérience vient à la contredire. La pratique, donc la vie, est le juge suprême.

Un quatrième chapitre sera consacré à la *passion*. C'est une expérience tout à fait étonnante et mystérieuse. Il faut l'avoir vécue pour la comprendre, quelle qu'en soit la forme – car il existe de multiples passions : l'amour, le jeu, la politique, la foi religieuse, etc. C'est la *passion amoureuse* qui occupera nos réflexions.

Alors que l'amour est *conflictuel* dans sa constitution même, puisqu'il réunit deux partenaires aux revendications parallèles qui doivent négocier pour les satisfaire et, éventuellement, pour qu'elles durent, la passion, au contraire, intensive et violente, porte la relation à un niveau d'acuité tel que les conflits et les contradictions s'en trouvent annulés, puisque les partenaires réussissent le tour de force de se métamorphoser en un seul et même être. Le « deux » devient « un »: l'incomplétude constitutive de l'humain est liquidée au profit d'une symbiose qui « vit » en autarcie, en circuit fermé.

Comment cela est-il possible? *La passion* n'est plus l'amour, *elle n'est pas l'amour*, parce que, dans sa fulgurance, quelle qu'en soit la durée, elle annule la distance, nie la différence, ignore l'altérité: l'autre n'est plus l'autre, il est moi, et moi aussi je suis l'autre. L'idéalisation, l'illusion sont poussées à l'extrême: le désir exige que tout soit beau – et tout est beau. La passion est essentiellement mobilisée par la sexualité, elle se meut sur la crête étroite et aiguë d'un désir fou: vivre, dans l'exaltation fusionnelle, un au-delà du réel.

Le dénominateur commun de toutes les passions est la *croyance*. Celle-ci suppose l'existence d'un au-delà de l'humain, qui veille à son bien et à son bonheur. Ainsi sont éliminés ou abrasés les conflits intérieurs, les déchirements psychologiques et moraux qui animent et caractérisent l'existence humaine. Dans la passion amoureuse, la croyance repose sur la « foi » mutuelle qui lie les deux amants. Ils sont tout l'un pour l'autre et fusionnent dans un grand Tout. Cette unité retrouvée tient à la puissance du désir. La passion est donc une sorte de « folie » à deux, qui devient une seule et même « folie »: une « folie » heureuse. Parfois, le réveil en est douloureux: mais l'expérience aura été riche, d'une richesse inouïe, à nulle autre pareille.

L'adultère fera l'objet du cinquième chapitre. Il est intéressant parce qu'il démultiplie tous les problèmes de l'amour, du fait de la constitution d'un ou de plusieurs couples, de durée variable, parallèlement au couple « officiel ». L'adultère pose des problèmes psychologiques et affectifs. Il pose également des problèmes de morale, mais non de morale moralisatrice : il éprouve la capacité qu'ont les partenaires d'un couple d'assumer leurs différences, tout en préservant leur solidarité.

L'adultère pose aussi, implicitement, le difficile problème d'éventuelles, de possibles nouvelles formes de vie amoureuse. En effet, les intermittences et les caprices du désir sont indépendants de la bonne (ou mauvaise) volonté des individus. Toute la problématique complexe du choix amoureux s'y trouve impliquée. On ne peut pas régler la « programmation » érotique comme un thermostat ! En même temps, la liberté du sujet reste, pour ainsi dire, entière. Là est toute la différence entre la sexualité humaine et la sexualité animale : on ne se lassera jamais assez de le dire.

En réalité, le problème de fond concerne la question cruciale de la séduction, du « plaire », avec les satisfactions narcissiques importantes que cela comporte. Plaire, nous le savons, c'est réaffirmer sa confiance en soi, conforter l'estime de soi, consolider l'amour-propre, tellement nécessaire à l'équilibre psychologique. Pourquoi cette grande joie quand on a fait une « touche », quand on a un « ticket », pour reprendre des expressions populaires si lourdes de vérités profondes ? N'est-ce pas retrouver cette joie à la fois naïve et enfantine, immense, d'être assuré, *dans le regard de la mère*, d'être le plus beau ou la plus belle ? Le petit enfant est toujours le plus beau aux yeux de ses parents. Ce sentiment de force, de surpuissance qu'éprouve l'enfant, que nous traduisons par l'expression « mégalomanie infantile », constitue les bases de ce « narcissisme primaire », *l'amour de soi*, directement produit par *l'amour-admiration* des parents, et tellement nécessaire pour affronter les conflits et les souffrances de l'existence humaine.

Dans la sexualité adulte, le problème du « plaire » reprend en charge, avec d'autres critères, à partir d'autres processus psychologiques, ces nécessités du narcissisme. Or, il est intéressant de souligner le caractère sexuel (et sexué) des supports de ce narcissisme. La femme doit plaire par sa « beauté » (dont les critères sont relatifs à une époque historique ou à un milieu social). L'homme peut plaire par son « physique » (ainsi du caractère relatif des critères). Il peut plaire aussi par sa « force » ou son « pouvoir ». Souvent aussi, il « plaît » parce qu'il est riche. L'homme de soixante-dix ans qui veut épouser une minette de vingt-cinq ans fera bien de vérifier rapidement l'état de son compte en banque! Ainsi, les « caprices » du désir sont très complexes à élucider, puisqu'ils plongent simultanément dans les nécessités psychologiques du narcissisme et dans les processus qui sont à l'œuvre dans l'organisation érotique du sujet.

Tous les « tickets » ne mènent pas à Rome. C'est un plaisir instantané, qui s'évapore aussitôt après son surgissement. D'autres fois, c'est une rencontre qui s'ébauche. D'autres fois encore, c'est une « liaison » qui se noue. Nous aurons à préciser tous ces « cas de figure ».

La jalousie amoureuse fera l'objet de notre sixième chapitre. Entre la jalousie et la passion, il est un point commun : nous y touchons aux confins de la pathologie. On peut être fou de jalousie comme on est fou d'amour. D'ailleurs, l'état amoureux contient, dans les processus de sa normalité, tous les éléments qui peuvent conduire à la pathologie. On pourrait presque dire qu'il n'est pas « normal » d'être amoureux, pas plus qu'il n'est « normal » d'être ivre. Il faut boire modérément et aimer sagement. Mais voilà : peut-on aimer « sagement » ? Au-delà de quel « degré » d'amour cesse-t-on d'être sage ? Quand on tire un coup de revolver sur une femme infidèle, est-ce de la folie, est-ce une souffrance psychique telle qu'elle ne peut se résoudre que par la violence ? Faut-il dire que tout ce qui est excessif est sans valeur ? Au contraire, ne peut-on penser que la vie ne vaut la peine d'être vécue que sous condition d'excès (en tout genre et sans limites) ? A chacun sa réponse.

La jalousie est le corollaire de la nécessité vitale d'être aimé. C'est dire sa banalité, mais aussi l'intérêt de son étude. Aimer, être aimé, c'est prendre le risque de ne plus être aimé, c'est-à-dire le risque de l'abandon. Or, cet abandon se fait, en général, au bénéfice d'une autre personne. Voilà comment on pourrait décrire les processus de la jalousie. Certains pensent s'assurer une garantie tous risques en épousant une femme laide et bête. Mais cette garantie s'avère parfois fragile. Une femme peut épouser un homme laid et idiot dans le même dessein. Le résultat est aussi incertain. Ce sont là des caricatures, car personne n'est suffisamment masochiste ni naïf pour se laisser aller à de telles niaiseries. Pourtant – et j'en ai la confirmation dans les récits de certains de mes patients –, il est des hommes qui se sentent plus à l'aise avec des femmes sans séduction, parce qu'ils sont « impressionnés », intimidés par les femmes qu'ils jugent belles. Le rapport à leur propre désir est ici en jeu : la femme jugée belle déclenche une irruption pulsionnelle contre laquelle le sujet se défend (inconsciemment) par une inhibition, un blocage – ce qu'ils appellent être « impressionnés ». On peut en dire autant de certaines femmes par rapport à certains hommes.

La problématique de la séduction et de ses effets est

complexe et inépuisable. Pour Freud, celui qui sait conquérir une femme est aussi un conquérant dans la vie. Mais Freud n'est pas nécessairement parole d'Évangile! On peut être « timide » devant les femmes et dynamique dans la vie sociale et professionnelle. Qu'ont toutes ces considérations à faire avec le problème de la jalousie amoureuse? La confiance en soi a pour corollaire la confiance en l'autre, c'est-à-dire le partenaire de la vie commune. Et réciproquement. Souvent, le manque de confiance dans le partenaire, les inquiétudes, les soupçons proviennent d'un manque de confiance en soi. Ce déficit de l'estime de soi donne le sentiment de ne pas « mériter » la compagne ou le compagnon dont on partage la vie. Cette inquiétude, ce sentiment d'insécurité ne débouchent pas nécessairement sur des idées de jalousie. Mais ils peuvent, selon les circonstances, favoriser leur apparition.

La jalousie, dans son discours quotidien, peut apparaître comme une « persécution » du partenaire. Mais elle peut aussi se manifester sans expression extérieure: le jaloux, ou la jalouse, se « ronge » de jalousie, pour se faire souffrir, parfois par masochisme moral, mais, parfois aussi, par une sorte d'incapacité constitutive à être heureux. On dit souvent de certaines personnes: « Ils ont tout pour être heureux: le physique, l'intelligence, un métier intéressant, un partenaire sympathique », etc. Ils ont « tout », sauf l'essentiel: la capacité intérieure à être heureux. Ceux qui se trouvent dans un état permanent de souffrance morale (pour des raisons complexes impliquées dans l'ensemble de la problématique de cet ouvrage) n'ont pas cette capacité intérieure à être heureux. Être heureux, c'est peut-être un « état de grâce » dont il n'est pas donné à tous de bénéficier. Dans ces conditions psychologiques particulières, la jalousie devient une sorte de « solution » au malaise intérieur, dont le partenaire fait les frais. Quand celui-ci (ou celle-ci) est suffisamment solide pour tenir le coup, il joue, à son insu, un rôle thérapeutique. Le couple est ainsi, parfois, ou souvent, une « société d'assistance mutuelle ».

En avons-nous fini avec l'amour et le couple ? Certes non. Notre propos est plus ambitieux que d'en rester au niveau d'une « presse du cœur », même améliorée. On pourrait dire de l'amour qu'il est la meilleure et la pire des choses. Il l'est, simultanément, contradictoirement. Rien, chez l'humain, ni dans la vie individuelle, ni dans la vie sociale, n'est simple, direct, unilatéral. Tout est toujours conflits et contradictions : ce sont les moteurs de l'existence humaine.

Aussi, l'amour ne peut pas être uniquement examiné dans ses processus psychologiques et affectifs. Il doit être pris dans une compréhension plus large, plus profonde, qui concerne l'existence humaine, non dans ses fondements biologiques (la reproduction) ou psychologiques (la vie affective), mais dans sa nature même, dans les processus qui ont permis l'apparition de l'être humain. C'est ce que nous appelons la *signification anthropologique* de l'amour : elle concerne l'être humain, non dans sa naissance, ni dans son existence quotidienne, mais en tant qu'*espèce animale* nouvelle, à la fois dégagée de la nature et de l'animalité, et cependant soumise à celle-ci par la *sexualité*. Les nécessités de la reproduction sont communes à l'animal et à l'être humain. Pour l'être humain, l'existence de la parole, du travail, de la vie sociale, des liens familiaux, etc., postulent une *mutation radicale* dans la sexualité, avec l'apparition de *l'amour*. C'est ainsi que s'est constitué le *lien social* qui cimente les sociétés, en deçà des clivages de classes. Le lien social œuvre à la cohésion des groupes, ethnies, nations, etc. Nous aurons à montrer comment l'amour, c'est-à-dire l'affectivité, issue des transformations de la sexualité, est au principe de ce lien social qui conditionne l'existence de tout groupe humain.

Chapitre I

Du malheur d'aimer et de la nécessité d'être aimé

Quand notre cœur a fait une fois sa vendange
Vivre est un mal. C'est un secret de tous connu.

Charles Baudelaire,
Semper eadem, Les Fleurs du Mal

Pour ouvrir ce chapitre difficile, qu'on me permette de dire quelques mots du *chagrin*. Pourquoi ? Parce que le chagrin est un sentiment qui illustre bien le caractère contradictoire de l'affectivité, et qui montre comment l'amour porte, en un même mouvement, le bonheur et la souffrance.

De l'amour, je ne connais que la souffrance : dans mon métier, elle est quotidiennement au rendez-vous. C'est elle qui me travaille et m'accompagne tout au long des journées, parfois des nuits. Aussi, je me dis que la souffrance est peut-être contagieuse, et qu'il n'existe aucun vaccin ni aucun vêtement particulier pour s'en protéger. Le chagrin, c'est celui de la perte. C'est un deuil *a minima*.

Les figures de la perte sont multiples : ce peut être celle d'un idéal, d'une femme aimée, d'un enfant qui a grandi trop vite sans qu'on s'en aperçoive et qui est devenu un homme ; ce peuvent être aussi tous les éloignements de la vie qui transforment les distances géographiques en séparations affectives. Car c'est l'affectivité qui porte en elle la souffrance, les déceptions, les blessures toujours ouvertes, les plaies secrètes à jamais incurables.

Le chagrin est une souffrance douce qui distille une vague tristesse et la nostalgie d'une présence depuis longtemps effacée, qui n'est peut-être même jamais advenue. Le chagrin marque de sa douleur uniforme un manque, une absence à laquelle le travail psychologique opéré par celui-ci donne une nouvelle forme de « présence ».

Je me souviens d'une patiente dépressive venue me consulter il y a plusieurs années. Pour les patients, le mot dépression recouvre toutes les formes de souffrance psychologique, mais dans le cas présent, il s'agissait bien d'une véritable dépression. C'était une petite dame d'environ cinquante-cinq ans, employée de banque, qui venait de prendre sa retraite pour tenir compagnie à son mari, ancien technicien, retraité depuis plusieurs années déjà. Elle avait longtemps habité une petite ville de la banlieue sud de Paris. Toute sa vie s'était passée dans cette agglomération, en quelque sorte son lieu d'enracinement. Son mari avait pensé souhaitable d'acquérir un petit pavillon dans un lotissement résidentiel de la région de Chantilly. Ma patiente s'y trouvait isolée, complètement « déconnectée » de ses habitudes et de son environnement : commerçants, amis, famille, etc. Elle éprouvait une sorte de malaise général qu'elle n'arrivait pas à définir.

Ce qui a déclenché l'épisode dépressif fut un événement d'apparence anodine, mais tout à fait curieux. Elle avait l'habitude, en fin d'après-midi, quand le soir tombait et que l'angoisse était plus forte, de regarder à la télévision l'émission régionale de la troisième chaîne, consacrée aux actualités d'Île-de-France, programme constitué d'un dosage d'informations locales, d'événements politiques ou culturels, de faits divers et d'un bulletin météo. Or, dans sa nouvelle résidence, l'émission régionale qu'elle captait était celle de Picardie. Sans intérêt pour elle, elle venait souligner son déracinement. Elle se trouvait encore plus isolée, encore plus triste, ce qu'elle ne pouvait communiquer à son mari qui, selon elle, ne l'aurait pas compris, et aurait considéré ses états d'âme comme des fariboles. Elle entra dans la dépression.

Que manquait-il à cette femme, qui la rendait aussi malheureuse ? Pas ses amis, qu'elle pouvait rencontrer. Pas ses enfants, auxquels elle pouvait rendre visite, et inversement. De plus, elle avait fait connaissance avec quelques commerçants de son nouveau lieu d'habitation. Alors, que lui manquait-il ? Eh bien, ce qui lui manquait, c'était ses *souvenirs*. Les programmes d'Île-de-France « entraient en résonance » avec son passé : l'époque où elle avait été jeune fille, puis jeune mariée, puis jeune mère. Toutes ces évocations qui nourrissaient son imaginaire et son imagination l'aidaient à vivre une certaine solitude, rendaient plus riches ses rencontres avec ses amis, et surtout avec ses enfants. Son passé, c'était ses racines affectives, c'est-à-dire son *identité*. Elle était « francilienne » (comme on dit maintenant) sans le savoir, et la Picardie lui était une terre étrangère, voire hostile. En quelque sorte, elle se sentait *immigrée*. (C'est une expression qu'a employée, tout récemment, une de mes patientes, une jeune fille, enfant adoptive, pour traduire le vécu de son statut familial particulier, et particulièrement douloureux.)

Qu'est-ce que le *souvenir* ? C'est l'évocation du passé, « réaménagé », idéalisé, qui revient de plus en plus souvent, insiste dans la mémoire et dans le cœur, à mesure que les années passent, que l'avenir se rétrécit au point de perdre toute existence, et que la seule existence possible est le travail de la mémoire.

« Lieux inanimés, avez-vous donc une âme ? » aurait pu s'interroger Lamartine ; la réponse est dans la question. Cette patiente faisait en quelque sorte le « deuil » de son passé, ou plutôt d'une certaine forme de ce passé. Elle était engagée dans cette douloureuse expérience d'un nouvel aménagement par rapport aux divers éléments de son passé. Il lui fallait les récupérer, sous une autre forme, faire vivre les souvenirs dans sa mémoire nouvellement acquise, comme s'ils étaient d'« autres » souvenirs, reconstitués avec les mêmes événements. Puis, elle a déménagé dans un appartement, plus proche de la ville, pour s'accommoder (les médicaments et l'approche psychologique aidant) de ce nouvel environnement.

Ainsi fonctionnent les contradictions de l'affectivité : le bonheur et la souffrance ne sont pas les deux faces d'une même médaille ; ils sont une seule et même chose, simultanément, alternativement.

Ajoutons que le *souvenir*, comme la *nostalgie*, renvoient, de plus en plus loin, aux expériences infantiles les plus anciennes et les plus fortes. La nostalgie est celle du sein maternel ; le souvenir est la mise en images et en affects, en sentiments et en sensations, de ces expériences les plus lointaines. Tous les souvenirs reposent sur ces montages infantiles. Se souvenir, c'est se tourner vers le passé pour retrouver des couleurs, des odeurs, des perceptions qui s'organisent en scénarios différents, mais articulés les uns dans les autres, dans des systèmes constitués à partir des matrices originaires, issues de ces montages infantiles. C'est parce qu'ils plongent au plus profond de l'être que les événements affectifs acquièrent une telle importance.

Entrons maintenant dans le vif du sujet.

Souvent, la souffrance psychique, la douleur morale sont plus difficiles à supporter que la douleur physique. Parfois, on « tient le coup » comme on peut. D'autres fois, cette douleur est tellement intolérable qu'on en vient à consulter les « médecins de l'âme », psychiatres ou psychanalystes.

Pourquoi la souffrance ? Pourquoi le malheur ? Éternelles questions. Esquissons quelques réponses. L'être humain est un curieux animal. Il parle, il pense, il souffre. Il fait confiance à sa pensée et à sa volonté pour maîtriser la souffrance, qu'il considère comme injuste et inutile. Quand il se confie aux « médecins de l'âme », c'est avec l'espoir d'annuler la douleur. Or, la souffrance psychique est constitutive de l'humain. Si la douleur physique constitue, en quelque sorte, un signal d'alarme, une mise en alerte de tout l'organisme signifiant l'éventualité de la « maladie », la souffrance psychique est une virtualité permanente. La peine et la joie sont les sœurs ennemies d'une compétition éternelle.

Si la femme n'accouche plus (ou moins) dans la douleur, l'être humain naît dans la souffrance et pour la souffrance. Son péché originel est de vouloir être heureux, alors que sa détresse de vivre est en fait une question de survie, dont il dépend d'autrui (la mère) qu'elle lui soit assurée. Ainsi, dès sa venue au monde, il apprend qu'il sera dépendant, et débiteur d'une dette à jamais insolvable.

Alors, pourquoi la souffrance? Autant demander: pourquoi l'asphyxie? C'est la même et simple réponse: par manque d'oxygène. Mais quel est cet « oxygène psychique » dont la nécessité est si impérieuse pour l'humain, et dont le défaut peut le conduire jusqu'à la mort? L'air que l'on respire, qu'il nous paraît si naturel de respirer et dont la conséquence du manque nous est si évidente, n'est rien en comparaison de cet autre élément vital, impalpable lui aussi, qu'on appelle l'*amour*.

L'amour est de tous les âges. Pour chacun, il possède une expression particulière, à chaque nouvelle expérience il paraît une nouvelle découverte, il est toujours nouveau et toujours le même, parce qu'il s'origine dans cette nécessité vitale de la vie psychique. L'âme est en quelque sorte amour avant d'être pensée, sentiments avant d'être discours. La parole elle-même est d'abord cri, le premier cri de la respiration, puis tous les cris de la douleur et de la joie. L'âme aussi est d'abord corps, faite de toutes les tensions musculaires qui s'échangent entre la mère et l'enfant, dans ce dialogue muet qui inscrit sur la peau une écriture à la fois intemporelle et pleine d'histoire.

Voilà pourquoi l'amour et, par conséquent, pourquoi la souffrance. La souffrance morale est une brisure dans l'être psychique, rompant sa continuité jusqu'au morcellement. Qu'on l'appelle anxiété, angoisse, dépression – la médecine psychologique n'est pas avare de vocabulaire –, elle traduit toujours une perte, un manque, un déficit, comme une amputation d'une partie de l'âme. L'humain, avant même d'être en mesure de le savoir, est un infirme de l'âme, toujours en quête d'une « prothèse » pour pallier cette incomplétude originelle.

Le psychisme (qui a remplacé le mot « âme », aux résonances religieuses) est une construction fragile qui s'inscrit dans une histoire – celle d'une vie – constituée à partir des désirs des parents et de leur propre histoire, supportée par le cerveau, lui-même engagé dans cette histoire. Le « carburant » qui met en mouvement et entretient le mouvement de cette histoire est *l'affectivité*. Même le langage, qui donne accès à la pensée rationnelle, aux différentes constructions de la symbolisation qui remplace les choses par les mots, même le langage est rarement neutre : le discours est toujours porté et supporté par les affects. C'est l'amour qui fait et défait l'être humain.

Au commencement était l'amour : telle pourrait être la devise de la destinée humaine. L'existence humaine, à tout âge, est scandée par les aléas de cette nécessité impérative. Mais on pourrait tout aussi bien dire : au commencement était la souffrance. L'enfant, quittant le milieu « aquatique » du ventre maternel pour le milieu « aérien » qui deviendra le sien, fait une expérience difficile. Ses premiers affects sont ceux de la souffrance et de la douleur. Ils sont vécus dans le corps et par le corps, à l'occasion de ces premiers processus d'adaptation. Ainsi, l'affect, qui est en quelque sorte l'unité de base de ce qui deviendra l'affectivité, est tout d'abord une réaction corporelle à ce qui peut être vécu comme une agression ou un danger. L'accompagnement subjectif peut être la peur ou l'angoisse. Mais déjà l'angoisse suppose une élaboration plus complexe de ces premiers vécus subjectifs. Ils sont, pour leur part, constitués d'états de peur indifférenciés.

Cet état de mal-être profond s'accompagne, probablement, d'une imagerie mentale fruste, qu'on ne peut encore appeler fantasme, qui, paradoxalement, sert à atténuer la peur tout en l'entretenant. C'est, par exemple, l'environnement humain, qui joue un rôle apaisant, par les contacts physiques que nécessitent les soins, et le nourrissage (l'allaitement) élimine les tensions intérieures liées à la faim. Ce sont, en quelque sorte, les nécessités de l'élevage qui font expérimenter le corps comme source de plaisir et de détente. L'affect prend alors toute sa complexité contradictoire : au mal-être physique peut se substituer un état de bien-être, le déplaisir peut se muer en plaisir. C'est encore un personnage privilégié (en général la mère), dont l'absence ou la présence conditionne, par son activité, la nature négative ou positive de l'affect. Le vécu de l'état corporel est alors lié à ce système de présence-absence qui suscite une sorte d'appel. C'est également l'organisation psychologique de cet « appel », dont dépend le vécu de l'état corporel qui va devenir *l'affectivité*. Ainsi, originairement, l'affectivité est liée à des nécessités physiologiques vitales. Cependant, très vite, elle va dépasser cet aspect fonctionnel pour travailler pour son propre compte. *L'affectivité va dès lors devenir une nécessité vitale* et conditionner, en retour, la satisfaction des nécessités physiologiques. Si l'amour est bien « au commencement », il l'est parce que chez l'humain, très vite, le fonctionnement du corps est subordonné à celui de l'esprit. Ainsi, on peut saisir l'amour à sa naissance, qui est contemporaine de l'apparition du psychisme. L'âme est bien amour avant toute autre chose.

Pourquoi ces longs développements? Parce que les médecins aiment à parler « médecine »? Certes. Il y a pourtant une nécessité impérative à comprendre l'amour à ses tout premiers commencements. Sinon, nous ne comprendrions plus rien de l'amour, c'est-à-dire du bonheur inégalable qu'il apporte, comme des souffrances inouïes que sa perte peut susciter.

Par un curieux rapprochement, il en est d'ailleurs de l'amour comme de la folie: moins on en parle, mieux on se porte. L'amour, rabaissé dans la dérision de la « presse du cœur », n'est plus qu'une péripétie de vaudeville. Ce rapprochement est encore plus incisif: nier la folie est une défense contre la peur de la folie; les sentiments banalisés dans le vaudeville, pour faire rire, assignent au vaudeville le rôle d'amortisseur des vicissitudes douloureuses de l'amour. Il est d'ailleurs intéressant de noter que les œuvres de fictions concernant l'amour (roman, théâtre, cinéma) fonctionnent sur deux registres diamétralement opposés: le vaudeville (il vaut mieux en rire), le drame (on ne peut qu'en pleurer). De l'amour « tranquille », il n'y a rien à dire. L'amour « tranquille », ça n'existe pas. Il ne peut pas y avoir d'amour « tranquille ». En affirmant: « Il n'y a pas d'amour heureux », Aragon exprime une vérité profonde, quoique de façon unilatérale. Énoncer qu'« il n'y a pas d'amour heureux », c'est supposer la possibilité, l'éventualité d'un amour heureux. Or, l'amour est à la fois heureux et malheureux. C'est ce caractère conflictuel et contradictoire, dont les déterminations profondes sont à élucider, qu'il faut prendre en considération.

L'âme est d'abord amour, parce que le psychisme se construit sur la base de ces émotions archaïques, qui sont à la fois apaisées et régulées par le rythme des présences-absences d'un humain, qui soigne, caresse, nourrit, parle. C'est ainsi que, progressivement, l'alternance présence-absence de l'humain (la mère) qui suscite tout d'abord un appel, ou plutôt une attente, transforme cette attente en une « pensée affective » produite par l'effet de la parole, c'est-à-dire une musique caressante, dont les mots sont tout d'abord des « sons » marqués par les inflexions de la voix, puis deviennent les équivalents phoniques de la présence. La « pensée affective » est à la fois une attente et un appel qui cherche à combler l'absence par une représentation imagée (fruste) de la présence. Et, paradoxalement, c'est cette représentation imaginaire de la présence qui rend l'absence plus évidente et, éventuellement, plus douloureuse.

Voilà, en quelque sorte, une reconstitution de l'impatience amoureuse en modèle réduit. On voit comment l'affectivité est, dans un seul et même mouvement, au principe du bonheur et de la souffrance. Ainsi, les contradictions et les conflits de l'amour sont constitutifs des déterminations de son existence.

Allons plus loin, pour bien souligner le caractère originaire de cette fausse évidence de l'amour. L'état amoureux – ses intermittences et ses détours imprévisibles – paraît si évident que s'interroger sur ses mécanismes intimes semble vain : c'est un mystère, voilà tout. Explication insatisfaisante, certes, et qui, de plus, pose elle-même un problème. En effet, le « mystère » tient à l'incompréhension, ou au caractère insolite de la rencontre amoureuse. Même un observateur bienveillant s'étonne qu'un ami qu'il apprécie ait choisi une compagne qui, selon lui, ne paraît pas lui convenir. Telle est la structure du discours commun de l'incompréhension. Il vaut, bien entendu, dans les deux sens. Que fait cette amie, si charmante et si fine, avec ce gros benêt qui marche à côté de ses pompes ?

Il y aurait beaucoup à dire, et à comprendre, sur le caractère constitutivement malveillant du discours de l'incompréhension. Ce qui tend à faire penser que cette « incompréhension » fonctionne à plusieurs niveaux, et qui rend beaucoup plus intéressante l'élucidation du fameux « mystère ». La « malveillance » doit être traitée à partir d'une démarche psychanalytique. L'accouplement, au sens de la formation du couple, actualise une curiosité infantile concernant les rapports entre les parents, avec le dépit, la jalousie et l'agressivité d'en être exclu.

Le « mystère » est lié à la méconnaissance constitutive de ce qui détermine l'attraction amoureuse. Il vaut pour « l'observateur » bienveillant (ou malveillant), mais aussi pour les protagonistes de la rencontre. Ainsi, le « mystère » est à la fois extérieur et intérieur. C'est d'ailleurs la fascination de cette ignorance qui rend la rencontre amoureuse tellement merveilleuse. Et l'ignorance de cette ignorance est palliée par toutes les métaphores du discours amoureux. Nous verrons plus loin comment fonctionnent les processus d'idéalisation, qui cherchent à rationaliser (c'est-à-dire à rendre raison) et à justifier les nécessités de cet élan réciproque. Ainsi, le « mystère » a une fonction « poétique » : il fait de la rencontre amoureuse une création esthétique. Pour les protagonistes de la rencontre, il se passe quelque chose d'incompréhensible, autrement que par le recours à une sorte d'expérience mystique, rationnalisée par les lieux communs du discours amoureux. Pour l'« observateur », c'est la fonction « poétique » du « mystère » qui l'emporte, seule solution qui puisse à la fois apaiser sa « malveillance » et le rendre apte à assumer la même expérience. Sans cela, il y aurait deux catégories d'êtres humains, les amoureux et les autres. Aussi, de la même façon qu'un homme en bonne santé est un malade qui s'ignore, l'« observateur » d'une rencontre est un amoureux en puissance. On sait bien, pourtant, que les amoureux sont « seuls au monde »: voilà qui rend encore plus paradoxale cette problématique.

Le « mystère » a donc une double fonction: idéaliser et survaloriser la rencontre amoureuse, qui ne peut d'ailleurs fonctionner que sur ce double registre: exprimer l'opacité de la situation qui, objectivement et subjectivement, se nourrit et s'entretient de cette opacité. Peut-on apporter quelques lumières dans cette obscurité qui est à elle-même sa propre détermination? Le problème est complexe. Il s'agit à la fois de doter le choix amoureux (le « choix d'objet », selon la formule psychanalytique) d'une nécessité intrinsèque, intérieure à lui-même, en même temps que d'un certain cœfficient de liberté. Ainsi, la préhistoire (affective) de l'être humain ne conditionne pas son histoire, qui n'est pas écrite avant même qu'il n'y ait entrepris ses premiers pas.

La tentation d'évoquer une « programmation amoureuse » est grande, tant la vie affective se marque d'une *répétition* du passé dans le présent. Qu'est-ce qui se répète? Là est la question. On a souvent l'impression qu'une personne qui change de partenaire (lors d'un divorce par exemple) reprend le même « exemplaire ». Un échange standard, en quelque sorte. C'est là une illusion issue de la « malveillance » constitutive de l'observation commune de la vie de couple. Ce qui se répète n'est pas visible à l'œil nu. Sinon, on ne changerait pas de partenaire. L'élément qui se répète échappe au regard, à l'ouïe, à la sensorialité comme à la sensibilité, tout en leur étant assujetti. Toute la sphère émotionnelle s'y trouve cependant engagée, mais à l'insu de la personne, comme de son entourage.

Il s'agit d'expériences primitives complexes qui impliquent l'intégration simultanée des éléments sensitivo-moteurs en relation avec l'extérieur, et ceux venus du fonctionnement interne de l'organisme. Tout cet ensemble est ainsi soumis au primat du plaisir lié au caractère privilégié d'une présence. Nous verrons plus loin que ce sont ces expériences lointaines dont l'acuité est recherchée dans la relation sexuelle ; le partenaire devient alors le démiurge de ce rapport au vertige. Cependant, ces expériences sont reprises *après coup* et réélaborées dans tout l'ensemble du développement du psychisme et de l'affectivité, avec notamment l'emprise de la sexualité, dont les diverses étapes informant l'évolution psychologique sont autant de *moments forts* dans la dialectique des mouvements plaisir-déplaisir. Ainsi, rien n'est écrit à l'avance, et cependant tout est potentiellement fixé ; nous nous développons en l*iberté surveillée*.

Quelle est la question à laquelle nous voulons répondre ? D'où vient l'amour ? Pourquoi l'amour ? Il faut rendre problématique cette évidence que les diverses formes de fiction et même les divers écrits à prétention psychologique décrivent avec plus ou moins de bonheur, sans pour autant en élucider les conditions d'existence. L'amour est là : c'est un fait incontournable. Il faut le prendre dans sa certitude d'être, selon ses divers avatars, et ressasser indéfiniment les jeux de l'inconstance et de la fidélité. Cette démarche m'ennuie et je la trouve sans intérêt. Ma pratique quotidienne de psychanalyste et de psychiatre me montre au contraire *l'incertitude* de l'amour, *la fragilité* de sa constitution : ceux qui souffrent de ne pas pouvoir aimer, ceux qui sont habités par la nécessité maléfique d'être aimés, ceux qui vivent dans la douleur dangereuse de n'avoir jamais été aimés (ou qui se vivent comme tels). Rien d'évident, rien qui soit assuré, tout est interrogation, questionnement, tâtonnement pour comprendre l'indicible et même… l'incompréhensible. Les patients, comme on les appelle, ceux que leur souffrance intolérable pousse à consulter, sont *malades de leur histoire*, et cette histoire n'est rien d'autre que celle de leur développement affectif, c'est-à-dire de leur rapport à l'amour, né du *besoin d'être aimé*, dont la satisfaction est la condition préalable à la possibilité d'aimer.

Nous voici loin des romances et des romans-photos. Nous verrons pourtant que, paradoxalement, ces histoires qui évoquent sous une forme un peu niaise et fruste les grands thèmes plus élaborés de l'écriture romanesque, atteignent, par leur naïveté même, une véritable profondeur. La souffrance de l'attente, l'espoir du bonheur, la douleur brûlante de l'absence, nous les connaissons. Les patients, dans leur histoire, montrent, comme grossie au microscope, la trame complexe et fragile que tisse l'affectivité.

Comment peut-on passer du besoin d'être aimé à celui d'aimer ? Le besoin d'être aimé paraît le plus fort, parce qu'il est le plus primitif et le plus essentiel. Il travaille en permanence au plus profond de l'être humain, toujours en attente d'une circonstance favorable. La demande d'amour est une constante de l'existence humaine, depuis sa forme archaïque originaire jusqu'aux différents avatars qu'elle revêt tout au long de la vie affective. On est ainsi amené à penser que c'est le besoin d'être aimé qui suscite celui d'aimer. Mais on risque alors de verser dans les éternels lieux communs de la philosophie (pessimiste) de comptoir, selon laquelle l'amour est « égoïste », on s'aime à travers l'autre, etc. C'est en partie vrai, mais les déterminations de ces processus sont beaucoup plus complexes. Elles sont au cœur même du fonctionnement de l'amour, et conditionnent ses inévitables contradictions.

Quand on réfléchit aux processus originaires qui sont au principe du besoin d'être aimé (« qui n'abandonnera plus jamais l'homme », selon Freud), c'est-à-dire à la nécessité de la *sécurité* face aux peurs et aux dangers corrélatifs de la « détresse originelle infantile », on sent bien que l'apaisement ainsi apporté, qui s'inscrit dans le corps sous la forme de la détente musculaire accompagnée de sa perception subjective, cet apaisement valorise la présence et la dote d'un cœfficient spécifique qui suscite *l'appel*, fonctionnant alors pour son propre compte. C'est cet appel qu'on peut désigner comme *la forme primitive du besoin d'aimer*.

Le besoin d'aimer est bien, en quelque sorte, « égoïste ». Mais c'est une façon de parler. Si le besoin d'être aimé naît de la « trace » laissée dans le psychisme (et constituante de celui-ci) par l'expérience de la satisfaction, apaisante et sécurisante, cette même « trace », qui est à la fois attente et appel, est alors *en même temps* appel pour renouveler l'expérience de satisfaction. En quelque sorte, le besoin d'aimer existe au sein du besoin d'être aimé. C'est un mouvement permanent qui se retourne de façon dialectique et qui constitue le fondement de la vie affective.

Bien entendu, l'amour adulte va s'enrichir de toutes les expériences ultérieures. Mais il fonctionne toujours sur ce *modèle originaire*. Le besoin d'être aimé est donc primitif, il est premier au point de vue structurel et chronologique. Cependant, c'est le besoin d'aimer qui va devenir l'aiguillon de la vie affective, avec, comme corollaire et comme objectif, le besoin d'être aimé. Ainsi, on entre très tôt dans les conflits, les contradictions et les frustrations constitutives de l'affectivité. Dans la vie amoureuse, dominée par la recherche sexuelle, ces mêmes problèmes vont prendre toute leur acuité : c'est l'apprentissage d'une autre souffrance qui va être à l'ordre du jour, et qui sera, sous une autre forme beaucoup plus élaborée, la réactualisation des souffrances plus anciennes.

Avec la sexualité entre en scène un personnage bruyant et impérieux. La sexualité dicte sa loi, tout au long de la vie, une loi d'apparence capricieuse, aux détours imprévisibles, mais conduite par une logique implacable, inconnue du sujet, qui s'y trouve soumis sous la forme d'une liberté trompeuse. La sexualité crée une sorte d'asservissement, la « servitude volontaire », assujettie aux caprices du désir, livrée aux impératifs du plaisir, qui règne en maître. « Sous le fouet du plaisir, ce bourreau sans merci », écrit Baudelaire (fin, mais douloureux connaisseur en la matière). C'est l'irruption de la sexualité qui définit l'amour dans son acceptation habituelle, et qui en rend les péripéties aussi explosives. La sexualité et l'affectivité sont intimement liées, elles obéissent au même enracinement primitif corrélatif des mêmes nécessités vitales. La sexualité (au sens large du terme, *recherche de plaisir*) naît comme *accompagnement* de la satisfaction des grandes fonctions d'autoconservation.

La théorie de *l'étayage*, dégagée par Freud, permet de comprendre la sexualité dans son état naissant, et non pas comme tombée du ciel au moment de la puberté. Cette théorie, qui justifie l'existence d'une *sexualité infantile*, permet de comprendre également comment les soins maternels aident à la découverte des *zones érogènes*, et de l'érogénéité potentielle de tout le corps. Ainsi se constitue une géographie érogène qui s'intègre dans le psychisme sous la forme d'une *fantasmatique*, procédant en partie des désirs et des fantasmes inconscients de la mère. Cette géographie érogène et cette organisation fantasmatique définiront la *spécificité sexuelle* de chaque individu. Elle sera aussi décisive, ultérieurement, pour ce qu'on appelle l'« entente sexuelle », et pourra décider, en définitive, de la vie du couple.

C'est ce caractère impérieux, et difficilement contrôlable, que le terme de « pulsion » cherche à rendre. La sexualité est, en quelque sorte, maître du jeu, et le grand décideur de la vie amoureuse. C'est toute la problématique de la rencontre amoureuse qui se trouve en question. Tout le domaine du « plaire » (« Il me plaît », « Elle me plaît », etc.) s'y trouve subordonné : tout le jeu de la séduction, lié pour une part aux conventions d'une époque ou d'un milieu, le discours intérieur et la stratégie mise en œuvre sont directement commandés par ces nécessités constitutives de la sexualité.

Qu'est-ce que « plaire » ? Et, problème corollaire : plaire à qui ? Le « plaire » implique un deuxième personnage, voire un troisième, plus abstrait, constitué par le *référent social*, c'est-à-dire l'ensemble des conventions culturelles qui décide du « beau », du « plaisant », etc., et finalement du *système de signes* censés mobiliser le *désir*. La problématique du « plaire » et celle du désir sont corrélatives l'une de l'autre. La mode, notamment féminine, en est l'expression la plus évidente. Ainsi, le plus profond, le plus spécifique, c'est-à-dire tout ce qui concerne les *modalités individuelles* de la vie sexuelle est, pour une grande part, mis en jeu par ce qui pourrait paraître un système arbitraire de signes. En fait, les choses n'ont pas ce caractère simple et mécanique. Ce qu'on pourrait appeler la « programmation érotique », qui, pour une part, dépend des manipulations corporelles de l'enfant lors des soins maternels, est reprise et remaniée par des expériences ultérieures : l'attrait pour un ami, un professeur, ou la puissance mythique d'une vedette de cinéma ou de la chanson (le cinéma surtout, mais également la chanson – du fait des effets spécifiques de la voix –, ont l'un et l'autre un énorme impact imaginaire). Le paradoxe de cette reprise « après coup », c'est qu'elle intègre les données de base – « la programmation » – qui informent les choix ultérieurs, lesquels, en retour, réaménagent une nouvelle « programmation ». Ainsi, rien n'est joué à l'avance, et, cependant, tout recommence. En quelque sorte, on change, tout en restant le même : c'est le même « matériel » de base qui se trouve remanié, et dont certains éléments, pour ainsi dire permanents, constituent une sorte de potentiel qui va s'actualiser dans les choix amoureux. C'est toujours ce même problème, lancinant et névralgique, de la marge de liberté, impartie à l'humain dans sa vie affective.

Allons au plus court: l'homosexuel se choisit-il comme tel? Non. Toute une organisation psychosexuelle, d'ailleurs difficile à élucider, aboutit à cette modalité de « choix d'objet ». On saisit là, dans un raccourci un peu abrupt, comment s'exerce la pression des contraintes internes qui balisent le chemin, plein de détours, qui conduit vers le choix amoureux. C'est l'appréhension plus fine de ces « contraintes internes » qui doit permettre de comprendre la diversité des choix amoureux, qui, pour un même individu, s'accompagne de constantes qui ne sont pas évidentes au premier coup d'œil. On pourra comprendre ainsi les tâtonnements, les échecs, avant d'aboutir à un choix amoureux plus stable, car c'est au prix de toutes ces expériences, parfois douloureuses, qu'un sujet apprend à se connaître et à connaître les déterminations qui l'ont guidé. C'est l'acceptation, pas toujours facile, de ces nécessités internes, qui constitue un gage de stabilité, sinon de bonheur – mais le bonheur est une autre histoire. Nous l'examinerons plus tard.

L'évolution des choix amoureux prend des configurations diverses. Trivialement, on pourrait se poser la question dans les termes suivants: pourquoi tel homme attiré par les femmes blondes épouse-t-il une femme brune? Ou encore: pourquoi cette femme sensible aux hommes cultivés vit-elle avec un rustre au gabarit d'athlète? Ces questions naïves peuvent appeler des réponses « sociologiques » ou relatives au « hasard ». Certes. On peut également jouer son destin affectif « à pile ou face ». Cependant, n'est-il pas plus intéressant de s'interroger sur l'évolution des sentiments, les modalités de l'attraction érotique qui les guide, et la constitution des points d'ancrage qui la fixent?

Pour permettre d'éclairer cette complexité de la vie

amoureuse, et le paradoxe qui commande le changement dans la continuité (ou la discontinuité), Freud propose de considérer les deux courants dont l'assemblage contribue à produire l'amour : le courant *tendre* et le courant *sensuel.* Le courant *tendre* est issu des processus qui travaillent à pallier l'insécurité en apportant la sécurité, et qui sont au principe de la vie affective. Le courant sensuel, comme son nom l'indique, apparaît dans le mouvement de surgissement de la sexualité, corrélatif de la recherche du plaisir. Autrement dit, en langage populaire, l'amour est le produit, à dosage variable, de l'association du « physique » et du « mental ». On pourrait dire : du « psychologique » et du « sexuel », ce qui serait déjà trop approximatif, parce que le « psychologique » est, dès le départ, « infiltré » de « sexuel ». Le « psychisme », en effet, est très tôt « informé » par le « sexuel », ne serait-ce que pour déterminer *l'identité sexuelle* – le féminin et le masculin. C'est d'ailleurs l'infirmité constitutive de toutes les psychologies non psychanalytiques de traiter d'un être humain asexué ou sans désir. Ou plutôt, il serait plus juste, et plus précis, de considérer que le domaine psychologique de la psychanalyse est celui qui concerne *les rapports de la vie affective et de la sexualité.* Ni plus, ni moins. Cependant, la psychanalyse apprend à démasquer la sexualité sous les divers déguisements que, pour des raisons diverses et complexes, elle est amenée à emprunter.

Prendre en compte l'existence de ces deux « courants » permet de définir une sorte de « constitution amoureuse, selon l'importance respective de chacun. En même temps, si l'on rapporte les déterminations profondes de ceux-ci aux nécessités premières de la vie psychologique, on conçoit leur force ; surtout, la quête amoureuse apparaît comme une *errance infinie*, à la recherche de l'« objet » – d'ailleurs impossible à atteindre – qui saura le mieux les satisfaire. Dans la quête amoureuse, l'être humain est ainsi comme une sorte d'animal d'expérimentation qui procède par « essais » et « erreurs », tirant plus ou moins de profit de chaque expérience – plutôt moins que plus –, les subissant comme autant d'avanies ou d'éblouissements, selon leurs couleurs, dans l'ignorance qu'il est des forces obscures qui l'animent. Les expériences fortes, mobilisatrices, sont structurantes. Elles impriment parfois des changements, dont le sujet peut avoir éventuellement conscience, mais longtemps après les péripéties qui les ont permis. Les expériences fortes atteignent au plus profond de l'être, elles donnent l'impression de parvenir au bout du voyage. Leur échec tient au fait que les deux voyageurs n'ont pas pris le même billet : l'un a pris un aller-simple « tendresse », l'autre un aller-retour « sensualité ».

Ce schéma simpliste est d'une extrême banalité et d'une grande fréquence : il peut avoir pour nom « aventure », « passion », « histoire », etc. Chaque fois, il y a malentendu : les partenaires n'étaient pas sur la même « longueur d'ondes ». Le malentendu est constitutif de la relation amoureuse. Ce malentendu est *originaire* : dès la naissance de la vie affective, il y a toujours un léger décalage entre la demande et sa satisfaction. L'*attente* de la présence sécurisante, inscrivant dans le psychisme cette « présence imaginaire » qui deviendra ultérieurement l'affectivité, avec ses contradictions et ses conflits, est porteuse de ce décalage temporel. La « présence imaginaire » ne pallie que partiellement la nécessité de la présence réelle. L'*appel*, qui peut être le cri muet de la souffrance, ou l'agitation violente de la douleur, marque, en lui-même, cette satisfaction *différée*.

« Tout, tout de suite » : revendication fondamentale de la vie infantile, qui n'est jamais assurée. Il faut apprendre à attendre, même pour rien. Rien, comme on le sait, c'est déjà quelque chose. Tout l'édifice constitué par le psychisme vise précisément à faire en sorte que ce « rien », transformé en images (comme dans le rêve), soit un substitut de la satisfaction. Mais on ne se nourrit pas d'images, pas plus que la photographie de l'être aimé ne remplace son existence réelle. Ce sont les nécessités de *l'autonomisation*, de l'accès à la possibilité d'indépendance, qui sont impliquées dans les processus de la satisfaction différée. Plus tard, dans les expériences amoureuses de la vie adulte, jouera cette même contradiction entre le besoin d'autonomie et la tentation de la dépendance. Le malentendu originaire s'actualise dans une nouvelle situation, conditionné par les modalités différentes d'investissement amoureux, selon les partenaires. L'un a la révélation miraculeuse d'une découverte, l'autre n'a qu'une soif passagère, étanchée au gré du hasard. La « constitution amoureuse », construite selon les aléas de la préhistoire infantile, trouve à se découvrir et à s'éprouver dans des rencontres aux lendemains incertains. Paradoxalement, c'est l'échec – éventuel – de ces rencontres, et la souffrance que parfois il suscite, qui est source d'une expérience enrichissante.

En quelque sorte, le bonheur, lui, est sans lendemain, à tout point de vue. Ne dit-on pas que les gens heureux n'ont pas d'« histoires »? Or, nous avons tous des « histoires » (qui permettent aux « médecins de l'âme » de gagner leur vie): il faut croire que le bonheur reste un horizon inaccessible. Mais n'anticipons pas.

La « constitution amoureuse », que le schéma des deux « courants » permet de systématiser, est en réalité une construction complexe dont l'histoire est en quelque sorte contemporaine de celle de la constitution du psychisme. La cure psychanalytique, par l'organisation concrète qu'elle nécessite et la relation particulière qu'elle noue entre les deux partenaires, fait apparaître un mouvement affectif singulier, appelé transfert, qui réalise pour ainsi dire le résumé de l'histoire de la « constitution amoureuse » du sujet. Le transfert exprime, en raccourci, une histoire d'amour, mêlée de haine, qui est celle de la constitution par le sujet de ses « objets », c'est-à-dire le régime de sa vie amoureuse et sexuelle. L'intériorisation de la relation aux parents (la « mère », le « père »), transformée ainsi en « images » (ou imago), s'extériorise en projections lors de l'analyse. La fonction de l'analyste est de traduire au patient, dans le langage de l'actualité, ces péripéties archaïques qui réalisent la *préhistoire* de son « régime » amoureux. C'est la méconnaissance par le sujet des déterminations de cette préhistoire qu'on appelle l'*inconscient*, en tant que celui-ci en est le « *dépositaire* » et le « gérant ». La cure permet d'en connaître les linéaments, grâce au vécu émotionnel et affectif qu'elle suscite, repris dans la rationalité du discours. La cure psychanalytique, du fait de l'existence même du transfert, est une sorte de laboratoire de la vie amoureuse.

Ce laboratoire de la vie amoureuse doit nous apprendre beaucoup sur les nécessités impérieuses de l'amour. D'abord, il nous apprend que les usagers de la « médecine des âmes » sont des *malades de l'amour*. Trop d'amour, pas assez d'amour, l'amour trop tard, l'amour trop tôt, l'amour à éclipses : l'amour est un poison violent que sa nécessité même rend à la fois dangereux et vital. Tous en sont frappés, mais tous, en même temps, en réchappent. A quel prix ! Les pleurs de l'enfant dans l'obscurité hostile de la nuit ; le cœur d'une vie brisé par une espérance à jamais défaite ; et les petits chagrins, les larmes furtives, la gorge serrée, les mains crispées par la violence du désespoir ; et aussi, pourquoi pas, cette mère mythique, au pied de la Croix, dont les *Stabat Mater* crient la douleur. L'amour est à la fois souffrance et joie, simultanément, en un même mouvement. Pour user d'un vocabulaire philosophique, disons que c'est une *unité dialectique*, une unité des contraires.

« Comment » l'amour ? L'examen de la constitution des

premiers temps du psychisme montre comment l'« affect » de douleur, lié à la détresse originelle du nourrisson en proie aux peurs de sa solitude, est transformé par une présence sécurisante en un « affect » d'apaisement. Ces premiers temps de la vie affective instituent l'apaisement comme une perception interne heureuse, sans cesse recherchée. C'est la naissance du *besoin d'être aimé*, qui plus jamais n'abandonnera l'homme.

Le besoin d'être aimé n'est pas spécifique de l'humain. Il existe chez certaines espèces animales, le temps, très court, de leur dépendance à la mère. En revanche, chez les animaux dits « domestiques », c'est la fréquentation quotidienne de l'homme qui leur inspire ce « sentiment ». La nourriture, le dressage à la propreté, qui s'accompagne à la fois de coups et de caresses, privilégient les caresses comme productrices de plaisir. L'animal domestique est ainsi enchaîné à son maître par ce lien empoisonné, dont la rupture est source d'une sorte de pathologie mentale. Chez l'enfant humain, la longue dépendance à l'égard des « éleveurs » hausse l'affectivité au niveau d'une *nécessité vitale*, aussi importante, sinon plus, que la nourriture alimentaire. En fait, tout l'élevage, avec ses nécessités vitales : alimentation, éducation sphinctérienne, s'accompagne d'une *doublure affective* qui en conditionne la réussite. De plus, cet accompagnement affectif donne aux sensations agréables produites par tous ces soins une dimension de plaisir, qui sera alors recherchée pour elle-même. Ainsi naît la *sexualité*, indissolublement liée à tous les éléments de cette situation relationnelle. Affectivité et sexualité sont bien les deux faces d'une même médaille. Cela, nous le savons déjà. Pourquoi y revenir ? Parce que la réponse à la question *« comment l'amour ? »* n'apporte pas la solution à cette autre interrogation, plus importante et plus difficile à résoudre : « *Pourquoi l'amour ?* »

Le « comment » et le « pourquoi » constituent eux aussi

une unité dialectique, mais d'une particulière complexité. Ils n'instituent pas, à proprement parler, une unité des contraires : la sexualité n'est pas le « contraire » de l'affectivité. Mais il y a entre ces deux nécessités un tiraillement, dont la théorie des deux « courants » – sensuel et tendre – ne rend compte que très superficiellement. A vrai dire, le tiraillement est *interne à la sexualité* elle-même. Tout le problème est là. La sexualité est prise dans une *tension constitutive* entre ses aspects liés à l'animalité originaire de l'homme et ses aspects culturels, corrélatifs de la socialisation-hominisation, qui fait l'homme « *humain* ».

Il nous faudra revenir sur cette problématique complexe et sur les différents termes qui servent à la formuler, et dont la définition « à géométrie variable » nécessite des précisions. Cependant, la réponse à notre question peut sembler simple : l'amour rend la vie humaine supportable et la vie sociale possible. Voilà une « simplicité » plutôt... « obscure » ! Aussi faut-il nous employer à jeter un peu de clarté sur tous ces problèmes, à la fois très compliqués et très importants.

Avançons tout d'abord ce postulat de base : on ne peut rien comprendre à l'amour sans envisager la sexualité humaine dans sa contradiction à la fois constitutive et insurmontable. Schématiquement, on peut décrire les choses ainsi : la sexualité humaine est « physique par le bas » (la biologie) et « psychique par le haut » (la psychologie). En fait, elle est indissolublement l'un et l'autre, avec une prédominance décisive du « psychique ». C'est cette contradiction que la psychanalyse cherche à prendre en charge, en montrant les processus à l'œuvre dans la constitution du *désir*. Le désir est lié à une organisation psychologique complexe, où l'*imaginaire* et les *fantasmes* sont les éléments déclenchants, parfois à l'insu du sujet. Les fantasmes accompagnent toutes les phases du développement de la sexualité, corrélatives de chaque étape relationnelle qui œuvre à la découverte des zones érogènes. Bouche, anus, organes sexuels, le corps dans son entier fonctionnent sur des registres multiples : l'autoconservation (la nourriture par exemple), le plaisir du suçotement, et tout un imaginaire fruste lié à l'avalement (avaler, être avalé, mordre, détruire, être détruit, etc.). L'oralité, tout ce qui touche à la nourriture et aux conséquences psychologiques et libidinales de son absorption, est un exemple intéressant et (relativement) simple de la constitution de la naissance du sexuel à partir d'une *expérience de plaisir* vécue, nécessairement, lors d'une situation relationnelle privilégiée. La pulsion orale est ainsi liée à l'érogénéité de la bouche, et le suçotement en est une des manifestations. On voit comment la recherche du plaisir, œuvrant pour son propre compte, entre dans un circuit psychologique complexe, à partir de l'excitation physiologique. Celle-ci, une fois éteinte, continue à travailler « en sourdine », du fait de l'intégration de tout l'ensemble des éléments de son accompagnement : voix de la mère, odeur, parfum, lumière, etc. Ils vont subsister sous forme de « souvenirs », mais de « souvenirs » *oubliés*. C'est ainsi que se constituent les bases de l'inconscient. On peut généraliser cet exemple à l'ensemble des étapes du développement psychosexuel, et considérer que le *désir* sera comme une sorte de *résurgence*, dans le psychisme, de ces éléments accompagnateurs de l'expérience de plaisir, dont l'organisation sera de plus en plus importante et prendra des configurations très complexes et très *individualisées*, c'est-à-dire *spécifiques*, dans la vie sexuelle (et amoureuse) adulte. C'est ce que la métaphore de la « programmation amoureuse » a cherché à expliciter.

Ainsi, la sexualité humaine se démarque de son origine animale, parce que le développement de l'être humain exige une situation relationnelle de longue durée, où les affects, puis les signaux du langage, contribuent à l'élaboration du psychisme. C'est l'existence du psychisme, corrélatif de l'humain, qui dote la sexualité du privilège de cette superstructure psychologique (émotions, affects, fantasmes) et tend à recouvrir et à remanier les éléments biologiques, sans toutefois complètement les contrôler. Ainsi, l'être humain n'est pas complètement maître de son désir. Il est doublement assujetti : d'une part aux aléas de son développement psychosexuel (la « programmation »), d'autre part aux résidus de sexualité « sauvage » qui, au fond de l'inconscient, ne dorment que d'un œil.

La sexualité humaine est comme une fusée à plusieurs étages, dont chacun peut se dégager pour son propre compte, et dont le déclenchement est souvent imprévisible.

La sexualité est le *« maillon faible »* de l'être humain. Elle est porteuse de mort, parce qu'elle signifie la mort de l'individu au bénéfice de la perpétuation de l'espèce. Elle est porteuse de *violence*, parce que la pulsion sexuelle, au déclenchement imprévisible, met en œuvre des forces incontrôlables, qui s'auto-entretiennent par leur propre surgissement, et dont l'explosion peut conduire aux pires extrémités, y compris le *meurtre*. La pathologie de la sexualité est faite de beaucoup de petites misères, que le thérapeute pallie parfois avec succès. Mais elle est faite aussi de ces accès d'agressivité mortifère, qui témoignent de la faiblesse de l'humain face aux forces obscures qui le travaillent en profondeur, parfois le débordent et le font basculer dans la *folie*.

Alors, à quoi « sert » l'amour ? Nous l'avons compris (ou presque). *L'amour sert à hausser la sexualité au niveau de l'humain*. Il ne s'agit pas de jouer l'affectivité contre la sensualité. Cela n'aurait aucun sens, car la sensualité, elle-même, est déjà communication. L'amour « physique » est communication des corps, il est aussi *dialogue* des sens, donc des âmes. Le réduire à une simple gymnastique, c'est en quelque sorte le dénaturer, au sens fort du terme.

L'amour est la forme la plus riche de la relation sexuelle. Elle en est aussi la plus fragile et la plus risquée. L'amour, autant que possible, desserre l'étau des contraintes inhérentes à la socialité et à la vie sociale. L'amour est, en quelque sorte, asocial. C'est cette contradiction fondamentale qui le rend, si l'on peut dire, *dangereux*. Dans l'amour, l'illusion d'une abolition des contraintes sociales est portée à son comble. Ce n'est pas pour autant que celles-ci n'existent plus. Elles s'expriment par toutes sortes de signaux, liés aux institutions qui régulent la vie sexuelle et aux valeurs morales ou religieuses qui les accompagnent. Mais, comme on dit, l'amour est « aveugle » : à tous points de vue. Dans l'amour, l'illusion de la transgression des règles de la socialité est portée par la fantasmatique constitutive des diverses formes de la sexualité humaine. L'amour a besoin de la *déréalisation* pour exister, surtout sous sa forme passionnelle.

Le paradoxe originaire de l'amour est précisément d'instituer une sorte de *transgression autorisée* des règles de la socialité, et, par sa dimension de déréalisation, constitutive du processus d'*idéalisation* (de l'« objet »), de conduire à une sorte de renversement qui aboutit à heurter « la dure réalité ».

L'amour peut-il être « raisonnable » ? La suite de nos réflexions permettra de répondre à cette question et, éventuellement, de décider si elle a vraiment un sens.

CHAPITRE II

Le couple : prison dorée ou société d'assistance mutuelle ?

Pour aimer, il faut être deux. Voilà une constatation réaliste. Mais le bon sens n'a pas toujours raison. L'être humain, même seul, est toujours au moins « deux » parce que son psychisme est un univers où évoluent de multiples personnages, avec qui il dialogue, consciemment ou, parfois, inconsciemment. Toute la vie imaginaire et fantasmatique fait partie de ce théâtre d'illusions.

Le couple est ainsi, d'une façon générale, issu de la rencontre d'un homme et d'une femme qui décident de vivre ensemble « pour le meilleur et pour le pire », selon la formule consacrée. Or, « le meilleur et le pire », discours commun du sens commun qui se formule autrement dans le discours de l'autorité institutionnelle (le maire, le curé, etc.) et peut-être le discours explicite ou implicite des protagonistes de la rencontre, est effectivement le pain quotidien de la vie à deux. La demande d'amour mutuelle, parfois, rencontre l'état de grâce de la double disponibilité, ou bien, au contraire, se heurte à l'exigence unilatérale de l'un des partenaires. Cette discordance potentielle est aux fondements mêmes des conflits du couple, qui, paradoxalement, ne peut fonctionner qu'à cette condition. Un couple n'est pas une sorte de symbiose indifférenciée qui mourrait, en quelque sorte, par étouffement. Tout couple, même le mieux « assorti », fonctionne sournoisement, sourdement, sur le mode du persécuteur persécuté. Les grandes fractures du couple, les drames, les déchirements qui peuvent éventuellement conduire à son éclatement sont contenus, dès le départ, dans cette structure de contradictions. Le ver est dans le fruit, en quelque sorte, avant même que celui-ci ait atteint sa maturité.

Alors, pourrait-on se demander, si le couple est un ring où tous les coups sont permis, comment fait-on pour y subsister ? A cette question, nous allons tenter de répondre.

La rencontre amoureuse rapproche deux êtres qui se cherchent encore eux-mêmes, et qui croient – à leur insu – que la vie en commun va leur permettre de se trouver. Ils n'en sont pas à la découverte de l'amour : ils sont à la recherche d'*un* amour qui stabiliserait leur quête et apaiserait leur questionnement. Cette fonction « thérapeutique » du couple le rend à la fois si nécessaire et si fragile.

L'être humain est « malade » d'être au monde, et n'en finit pas de chercher à « guérir ». Guérir de quoi ? Quel est ce mal mystérieux qui mine l'humain dans les fondements mêmes de son humanité ? L'humain est « malade » de naissance, et cette « maladie » n'est rien d'autre que le lent et douloureux apprentissage de l'autonomie et de l'indépendance. Mais l'humain ne veut pas de cette autonomie, il n'a rien à faire de l'indépendance ! Au contraire, tout ce qu'il recherche, ce sont les *occasions de régression* : oublier son inconfort existentiel dans la boisson, la drogue, la gloire et, bien entendu, l'amour.

Dans *le Banquet*, Platon élabore sa problématique de l'amour à partir du mythe d'un être androgyne, coupé en deux par le Destin, et qui serait, pour l'éternité, à la poursuite de sa moitié perdue. Le philosophe développe à sa manière ce que l'observation courante et la psychologie psychanalytique permettent de préciser et de comprendre : le *sentiment d'incomplétude* constitutif de l'évolution adulte, que chacun pallie à sa façon. Ainsi, le couple n'est pas seulement une nécessité générique, qui doit permettre la perpétuation de l'espèce ; il n'est pas non plus exclusivement lié à la satisfaction des « besoins » sexuels. Sa nécessité est plus profonde et plus névralgique : il vise à reconstituer l'Un, à partir de « deux », c'est-à-dire à réaliser cette *plénitude* qui rend l'existence vivable.

C'est en s'appuyant sur cette donnée fondamentale qu'on peut décrire et comprendre toutes les péripéties qui scandent la vie du couple. Les nécessités profondes se traduisent au quotidien, sous les dehors anodins des disputes, reproches, rancunes, réconciliations, périodes de tempêtes alternant avec des moments de sérénité, dont le caractère prosaïque cache la signification profonde. Heureusement : si les partenaires d'un couple devaient s'auto-psychanalyser lors des diverses turbulences qu'ils traversent, ils deviendraient fous, parce qu'ils ne peuvent pas être à la fois engagés dans leurs conflits, et s'en dégager pour pouvoir s'observer. D'ailleurs, certains couples férus de psychologie utilisent ce « savoir » (de pacotille) pour entretenir leurs conflits plutôt que pour tenter de les apaiser. Rien ne vaut le bon sens et la spontanéité : mais l'un comme l'autre sont devenus des denrées rares. Sans doute en sont responsables ceux qui écrivent de ces livres « grand public », comme je suis moi-même en train de le faire…

La nature identique de la « demande » (d'amour) et la tentation régressive de l'individu constituent donc la contradiction essentielle du couple, laquelle assure aussi sa dynamique. Les partenaires du couple auront à *apprendre sur eux-mêmes*, mutuellement, pour pouvoir se comprendre, afin d'aboutir à un rééquilibrage des demandes, qui rend chacun *disponible* à l'autre. Cela ne va pas sans un certain « sacrifice » – ce qu'on appelle des « concessions ». En fait, ces expressions ne veulent rien dire : leur connotation moralisante laisse à penser que la vie en commun relève de l'héroïsme. En réalité, ce sont les contraintes de la vie quotidienne qui assurent une certaine maturation des partenaires, grâce à quoi chacun devient *solidaire* de l'autre, sans pour autant réclamer une médaille !

Le « secret » du couple est en fait subordonné au « mystère » de l'amour. Il doit répondre à des nécessités profondes qui, souvent, sont contradictoires. C'est l'aptitude à établir une hiérarchie entre ces diverses nécessités, d'avoir suffisamment de lucidité et de clairvoyance pour les comprendre, qui porte aux « concessions » – lesquelles sont, en réalité, des réaménagements du régime du couple. La connaissance de ces nécessités « profondes », qui œuvrent dans l'amour à la constitution du couple, permet de comprendre à la fois ses réussites ou sa faillite. En tenant compte, bien entendu, du fait que la vie en commun opère des restructurations psychologiques qui peuvent se faire soit au bénéfice du couple, soit à son détriment.

Quelles sont ces nécessités ? Ce sont celles qui œuvrent à la constitution du psychisme dans le même mouvement dont procèdent la naissance de l'*affectivité* et le surgissement de la *sexualité*. C'est en cela que ces nécessités sont « profondes », même si elles sont remaniées par les évolutions ultérieures. C'est leur mise en résonance lors d'une rencontre qui va décider de la suite des événements, et des conséquences de la rencontre, de son potentiel amoureux et de son « cœfficient de durabilité ». C'est pour cette raison que les rencontres amoureuses sont diverses : « coup de foudre », aventure, passion, « histoire », liaison, couple

« conjugal », etc. L'organisation de cet accord des sentiments et des désirs définit chacune des configurations de la rencontre amoureuse.

A quoi la rencontre amoureuse doit-elle répondre? Vaste interrogation... La « réponse » (à ce que nous ignorons encore) sera différente selon les niveaux psychologiques mis en activité. Tout juste pouvons-nous mettre en exergue le *plaisir*, non seulement le plaisir sexuel, au sens étroit du terme, mais le *plaisir d'être ensemble*, avec le potentiel de *désir* que cet être-ensemble peut contenir. Ce plaisir-là est de nature complexe, et constitué d'« ingrédients » très divers. Il est subordonné à l'univers intérieur des protagonistes, à leur monde imaginaire et fantasmatique qui mobilise l'attraction mutuelle. Il est fait d'éléments impalpables, difficiles à définir, qui se traduisent dans le vécu subjectif des partenaires par une sorte d'exigence de faire durer la rencontre. Il s'agit avant tout de jeter les armes, de rompre avec la vigilance du quotidien, qui nécessite parfois d'être en « représentation » dans la vie sociale ou professionnelle, de renoncer à cette méfiance ancestrale qui fait de l'homme et de la femme des ennemis virtuels. Rompre avec les tensions de la vie quotidienne, retrouver un « havre » de sérénité et de compréhension : ce plaisir est ainsi fait avant tout de *sécurité*, d'une sorte de bien-être calme, dans une *régression* mutuellement consentie, et dont le désir va venir accomplir les satisfactions ultimes. L'expression « lune de miel » sert à illustrer ces instants privilégiés de la rencontre amoureuse, dont la relation fusionnelle abolit le contour des êtres en même temps qu'elle donne l'impression – parfois fugace, parfois plus durable – de la non-existence du monde des conflits.

Quelle qu'en soit la durée, ou l'intensité, cette relation fusionnelle marque la spécificité de la rencontre amoureuse, dont le mouvement implicite est la recherche, indéfiniment renouvelée, de cette expérience exceptionnelle.

Voilà, en quelque sorte, le prototype de la relation amoureuse, la crête aiguë de la rencontre, qui sera sans cesse cherchée, sans cesse perdue, et dont il faudra apprendre à jouir à doses homéopathiques. La vie quotidienne, paradoxalement, est l'ennemie de ces fulgurances ; parfois, au contraire, elle contribue à les répéter.

La relation amoureuse a fonction de ressourcement, elle donne des forces, décuple les énergies, comme, en d'autres circonstances, elle conduit à l'effondrement.

Cependant, la question fondamentale est restée en suspens. Quel est le déclencheur de cette attraction mutuelle ? En d'autres termes, c'est à l'exploration de la problématique du « plaire » que nous devons nous consacrer plus en profondeur. Cependant, nous savons bien que « plaire » est une chose, « vivre ensemble » une autre. D'où cette autre question : comment passe-t-on d'un état à l'autre ?

Tout d'abord, le « plaire ». Plaire, c'est se plaire, c'est-à-dire susciter une mobilisation affective et émotionnelle liée à l'*attrait érotique*, et faire en sorte que « l'autre », le partenaire éventuel, partage ce bouleversement. En général, c'est l'homme qui prend l'initiative. Cependant, toute une évolution des mœurs tend, progressivement, à donner à la femme un rôle plus actif. Encore qu'il serait intéressant de se demander si le souci de séduction, en général dévolu à la femme, ne constitue pas une forme d'« activité », en général très efficace. La séduction, c'est-à-dire l'attrait érotique, obéit à des normes « culturelles » dont la mode n'est que l'aspect superficiel et contingent. Le « plaire » est ainsi un ensemble complexe, fait de signaux érotiques et d'éléments psychologiques, qui émanent de la personnalité. Il est aussi subordonné aux projections qui sont faites sur l'élue (ou l'élu), parce que le désir dote immanquablement l'« objet » du désir d'un surcroît de qualités. La mobilisation imaginaire et fantasmatique est corrélative de l'attraction mutuelle: l'intérêt érotique est inséparable d'un accompagnement imaginaire et fantasmatique, spécifique de l'organisation psychosexuelle de chaque individu. C'est la mise en résonance, la mise en « phase » de ces spécificités réciproques, qui détermine les mouvements de la rencontre amoureuse. Le discours conscient que l'on se donne pour justifier un « choix » n'est que la face visible d'un iceberg dont la partie immergée recèle les déterminations inconscientes qui, seules, sont opérationnelles.

Cependant, les éléments du discours conscient, comme dans le récit manifeste d'un rêve, contiennent, entre les lignes, les données relatives aux modalités inconscientes. Parfois, le discours conscient peut s'entendre comme un fragment d'une « séance » d'analyse où, souvent, il suffit d'interpoler dans les lacunes du discours des éléments qui lui restituent sa pleine signification. Ainsi, c'est quelquefois le son d'une voix, l'éclat d'un regard, un mouvement du corps, toute une série de signaux parfois imperceptibles qui constituent la configuration du « plaire ». Un rayon de lumière, la couleur du ciel, une odeur de fleurs créent aussi une disponibilité, une réceptivité qui confèrent au « plaire » son efficacité, par l'intermédiaire de toute une série d'évocations à la limite du conscient, évocations dont le caractère régressif réactive des émotions anciennes favorisant cette disponibilité. Le désir organise ainsi une situation de « rêve éveillé » qui endort l'esprit critique au bénéfice des processus d'idéalisation. On peut appeler cette situation « ivresse de la rencontre ». Cette ivresse, quand elle prend un caractère soudain et massif, s'appelle le « coup de foudre », supposant une très grande disponibilité, une ouverture du « cœur » et de l'« esprit », une avidité telle qu'elle est prête – presque – à tout recevoir. Le « coup de foudre » réalise une expérience mystique *a minima*, où tout rapport au réel est aboli, tout esprit critique également. La réflexion et la rationalité sont alors

« mises en veilleuse » en faveur d'un éclatement des sens et des émotions.

La « passion » fonctionne sur ce même registre d'auto-idéalisation réciproque. Nous aurons à y revenir. Il faut simplement ajouter ceci : les *mots* de l'amour, tout ce qui constitue le *discours amoureux*, auquel son aspect à la fois conventionnel et singulier donne sa « force de frappe », véhiculent un contenu de promesses et d'espoir qui va bien au-delà de la réalité de leur contenu, car celui-ci est en quelque sorte sans limites, aux dimensions infiniment extensibles, corrélatives des mirages insaisissables du désir.

Voilà pour la rencontre amoureuse.

Comment se constitue le couple ? La constitution du couple implique, chez l'un et l'autre des partenaires, une sorte d'intuition d'un certain « cœfficient de *durée* ».

Une « aventure » est, comme chacun sait, sans lendemain. C'est une rencontre sexuelle, uniquement pour le plaisir, quoiqu'il s'agisse de deux êtres humains dont l'un peut se sentir lésé et souffrir de ne pouvoir accomplir une espérance. Même dans ces situations ponctuelles, l'affectivité n'est jamais absente. L'entrée dans la durée postule, pour chacun des protagonistes, la « croyance » dans la nature des sentiments que la rencontre a suscités, mais, également, un désir d'être ensemble qui cherche à s'accomplir dans le « vivre ensemble » – ce qui n'est pas tout à fait la même chose. Nous savons que le « vivre ensemble » prend, de nos jours, la configuration dite du « concubinage » (mot horrible), lequel retarde, sans toujours l'annuler, l'installation dans l'institution du mariage. Cependant, les couples de longue durée peuvent être considérés comme des formations « conjugales ». Quels sont les éléments qui peuvent assurer la durée ? Cette question, importante et complexe, constitue, à elle seule, toute la *problématique du couple*, de son fonctionnement, de sa vie et de sa mort.

Tout d'abord, c'est la *volonté de durer* qui assure la durée. Non pas un volontarisme sommaire, une manière de méthode Coué, une autosuggestion mutuelle au quotidien : l'amour doit se débarrasser des mirages qui l'embellissent et l'encombrent. Le réalisme doit l'emporter sur l'idéal. Comment ? Question difficile et sournoise. Comment aimer sans idéalisation, et que signifie ce « réalisme » de bas étage ? Nous touchons là toute l'histoire de l'évolution d'un couple, où « amour » peut rimer avec « toujours » (quand c'est possible et quand la vérité des sentiments émane de la vérité des êtres, et non de leurs illusions). Ce travail en profondeur, cette réélaboration de l'affectivité par la vie en commun, qui ressemble à une renaissance sans cesse remise en question, où le soleil et la nuit se côtoient dans une lutte insidieuse et sans merci, où la réflexion et l'intuition, la sensibilité et l'intelligence se confortent mutuellement, ce long travail qui reconstruit les êtres et la vie, nous allons essayer de l'explorer aussi profondément que possible.

Si la rencontre amoureuse se décide à partir d'un certain nombre de signaux érotiques et psychologiques, la durée est conditionnée par la nécessité qui se fait jour de renouveler les plaisirs obtenus, sensuels et affectifs, de les enrichir et d'approfondir la connaissance mutuelle. Les deux êtres en présence se découvrent, ils souhaitent aller vers une découverte mutuelle plus approfondie. Cette « découverte » mutuelle n'est pas exempte d'idéalisation. Bien au contraire : l'émerveillement de la rencontre conduit à une sorte d'épanouissement où chacun des partenaires est doté par l'autre de mille et une qualités. C'est cela qu'on appelle l'*idéalisation*. Ce mouvement complexe où la sensualité et la tendresse se confortent l'un l'autre est constitutif de la rencontre amoureuse. Le terme d'« énamoration », à la fois désuet et barbare, cherche à rendre compte de cette dynamique où, à partir de quelques signaux, un système complexe d'échanges sexuels et affectifs se met en place. L'expression « tomber amoureux » cherche aussi à imager ce mouvement à ses tout débuts : mais le verbe « tomber » est si lourd d'implications multiples et d'équivoques dangereuses que je préfère le laisser… tomber. L'expression « rencontre amoureuse » est plus dynamique, plus optimiste, bien qu'on ne puisse en rien préjuger de la suite, sinon qu'elle est porteuse de ce mouvement vers la recherche d'une meilleure connaissance mutuelle. C'est ce mouvement de recherche qui inaugure la durée, laquelle n'est plus une succession d'instants, comme dans les « aventures » passagères, parce qu'il s'accompagne d'une évolution psychologique et affective dont l'autoconnaissance mutuelle alimente la dynamique. Le désir d'« être ensemble » comprend le temps sous une forme non plus répétitive, mais plus *continue* : c'est la continuité dans le temps qui crée les conditions du *« vivre ensemble »*.

Le couple va ainsi commencer sa vie. Nul ne peut rien dire de son avenir. Les deux partenaires auront un long chemin à parcourir avant de s'assurer de leur conviction. Le couple doit faire face à une « intendance » très particulière pour entretenir la longue durée : pourvoir à la satisfaction sexuelle des deux partenaires (de préférence), alimenter les nécessités affectives spécifiques à chacun d'entre eux, introduire dans l'échange affectif des éléments puisés à la vie culturelle et sociale. Voilà donc annoncés les trois « postes » de ce « budget » tout à fait singulier, dont l'économie, arbitrairement séparée, fonctionne en réalité dans un entrecroisement complexe et mouvant d'échanges multiples, qui sont au principe de la vie du couple. C'est aussi un système complexe d'effets directs, ou en rétro-action, chaque satisfaction ou chaque mécompte ayant des effets positifs ou négatifs sur l'ensemble du système. Pour chaque couple, voire selon les âges des couples, l'un des éléments peut être privilégié, qui contribue au « bon entretien » des autres.

Ainsi, un bon équilibre sexuel peut favoriser la tendresse, et réciproquement. On pourrait d'ailleurs penser que c'est l'élément affectif qui, prioritairement, décide du reste. La tendresse, impliquée comme dimension importante de l'amour, permet une sexualité plus libre et plus confiante. Cependant, la *sexualité*, dans toutes ses dimensions – tendresse, imaginaire, fantasmes –, reste l'élément « moteur » du couple. C'est là que se situent les éléments les plus « profonds » de la rencontre amoureuse. La configuration des *désirs*, liés à des déterminations inconscientes, décide du « choix » amoureux, mais également de sa stabilité. Nous sommes là aux fondements mêmes de la vie du couple, sinon aux « fondations » – mot à double connotation architecturale et archéologique. N'est-ce pas l'organisation de *l'archéologie des désirs* qui conditionne la solidité du *lien* amoureux ? Nous voilà conviés à une aventure spéléologique bien particulière !

La possibilité de vivre en couple est, en droit, ouverte à tout le monde. Une telle assertion peut paraître insolite ; puisque les nécessités sexuelles et affectives sont constitutives de l'être humain, on pourrait même dire qu'elles le *font* humain et que, par conséquent, elles doivent, tôt ou tard, être satisfaites. Or, à l'expérience, et notamment l'expérience clinique, il semble qu'il faille *problématiser* ce qui apparaît comme une évidence. Pour accéder, si je puis dire, à la vie de couple, il faut remplir un certain nombre de conditions psychologiques. Mais il ne suffit pas d'un coup de « baguette magique » pour qu'elles le soient ! On pourra opposer à ces propositions qu'elles ont un caractère « normatif » et que le fait majoritaire de la vie de couple ne suffit pas à l'assurer comme référence. Soit. On peut faire un éloge de la solitude, comme ascèse ou comme courage moral. Cependant, s'il y a peu de couples heureux, et si le bonheur est un astre incertain, le malheur et la souffrance s'expriment au plus fort dans la solitude, surtout celle qui succède à une vie à deux, aussi difficile soit-elle. Un malheur reste toujours un malheur. Par une algèbre habile, quoique subtile, deux malheurs peuvent, éventuellement, s'accorder pour faire naître un état qui s'apparente à la sérénité. Militons pour le couple! Il en sortira toujours une nouvelle idée pour vivre mieux.

En mettant l'accent sur l'*incomplétude existentielle* de l'être humain, et en avançant l'idée du couple comme solution éventuelle et partielle pour pallier cette incomplétude, nous posons cette problématique à un niveau juste, mais trop général. Il ne permet pas de comprendre la diversité des agencements du couple ni, surtout, de préciser la nature du passeport dont doit être muni le candidat à ce genre de voyage.

L'idée d'« incomplétude » renvoie à celle de « complétude », et au fantasme suivant: celui d'un sujet pouvant vivre en autosuffisance affective (et sexuelle?), c'est-à-dire dans la non-nécessité de la présence d'autrui. Ou encore: le couple le plus opérationnel et le plus stable serait celui où chacun des partenaires pourrait se passer de l'existence de l'autre. Nous voici en pleine science-fiction, et pas très loin de la folie!

Cependant, la notion d'« incomplétude existentielle », avec la nécessité impérative pour le sujet de la prendre partiellement en charge, recouvre une problématique complexe, et sous-tend un enjeu névralgique. Le terme de *« maturité affective »* cherche à traduire cette double implication. On risque alors de verser à nouveau dans la dérive « normative ». Et pourtant. Il faut bien un minimum vital d'autonomie pour ne pas s'enliser dans une dépendance dont il n'est pas absolument certain que le partenaire puisse l'assumer sans reprendre son souffle ni se donner le droit, lui aussi, à quelques pauses régressives.

La « maturité affective » est une sorte de processus continu que l'expérience de la vie maintient en mouvement. C'est en ce sens que le couple est une *création continue*, à condition que les deux partenaires soient en mesure d'en partager les aléas et, surtout, d'en alimenter le procès de continuité. C'est en ce sens que la « volonté » de durer n'a rien à voir avec le volontarisme, ni même la « bonne volonté » : elle est subordonnée aux aptitudes psychologiques et affectives des partenaires d'entrer dans ce mouvement. Quelle est la nature de ces « aptitudes » ? Elle est liée à la capacité des sujets de surmonter leurs tendances régressives, c'est-à-dire qu'elle est subordonnée au dégagement de ceux-ci par rapport aux formes infantiles de leur investissement affectif.

Cette problématique, ainsi prosaïquement formulée, masque un *enjeu radical*, que les ethnologues expriment d'une façon très particulière, qui en fait ressortir toute la spécificité. Il s'agit de passer de la *filiation*, ligne verticale qui supporte *en amont* toute l'histoire de la famille, pour passer à l'*alliance*, ligne horizontale qui fait transiter l'un des membres de cette famille pour la lier à un membre d'une autre famille. Alors se dessine une ligne verticale qui, *en aval*, contient le potentiel d'une autre filiation. En d'autres termes, les deux partenaires de l'alliance sont des *étrangers* (même s'ils se connaissent depuis l'enfance). Cette présentation abstraite peut se résumer dans la formule concrète suivante : il faut être capable de quitter sa propre famille pour être en mesure d'en créer une autre. Ce qui peut apparaître comme une lapalissade soulève en réalité une multitude de problèmes. Nous avons voulu dépasser les *apparences*, qui donnent pour évidente l'existence de l'amour et du couple, alors qu'en réalité ils sont avant tout et surtout essentiellement *problématiques*. Il n'est pas évident de quitter sa famille pour aller vivre en couple. Pourtant, cela se pratique couramment. Faut-il dire que les individus entrent dans un *système* dont ils ignorent les *règles inconscientes* ? En effet, c'est le *système de parenté* – structure indépendante de la volonté des individus – qui désigne comme « sœur » la femme interdite (à plus forte raison la « mère »). Il faut donc trouver la future compagne (ou le compagnon) dans une autre famille. Faut-il dire que c'est l'*attraction sexuelle* qui favorise ce *déplacement* de l'intérêt affectif ? Il se trouve que l'« attraction sexuelle » est elle-même conditionnée par cette loi de la *prohibition de l'inceste*, qui est au principe d'un système de parenté, c'est-à-dire de la formation d'une famille.

Ainsi, la formation du couple est subordonnée à une *double inconscience* : celle qui concerne les règles de parenté, constitutives d'une culture donnée ; celle qui relève des motivations profondes qui supportent le choix amoureux. Il faut avoir à l'esprit cette problématique complexe pour bien comprendre le caractère *aléatoire* de la formation du couple et de sa durée. Dans la culture des sociétés occidentales (qui est différente, par exemple, de certaines sociétés africaines traditionnelles), la *famille nucléaire*, formée des parents et des enfants, constitue, en général, une unité cohérente et serrée, qui crée des liens affectifs très forts, même s'ils sont de nature conflictuelle. La dépendance infantile est parfois accentuée par une dépendance de l'adolescence, elle-même relayée par une longue période de formation à la vie active parallèle à la durée des études ou de l'apprentissage.

L'aptitude à se déprendre de la *force* de ces liens parentaux détermine la possibilité d'entrée dans le couple. Or, les liens parentaux sont un nœud très serré de déterminations complexes et différentes. Les *liens affectifs*, qui sont premiers et essentiels, reprennent dans leur dynamique toute la mythologie familiale, une sorte de *folklore privé*, produit des habitudes, des valeurs morales, de résidus idéologiques plus ou moins organisés, qui sont comme une sorte d'*héritage* psychologique, transmis dans le discours familial selon une thématique variable, souvent marquée par la *parole inaugurale* d'un ancêtre privilégié. Il y a toujours un grand-père ou une grand-mère, ou un autre personnage *en amont*, porteur d'une parole sacrée à partir de laquelle se construit la mythologie familiale. Le sujet se constitue ainsi sur la base d'*identifications* multiples et complexes qui vont contribuer à former son caractère, sa mentalité, sa personnalité. Deux histoires totalement différentes vont ainsi se rencontrer, sous la forme de deux sujets complètement *étrangers* l'un à l'autre, et soucieux, sans toujours le savoir, de préserver leur originalité, leur spécificité psychologique et affective, grâce à laquelle ils sont *autres* l'un par rapport à l'autre, deux « autrui » différents, enfermés précisément dans cette *altérité*.

Il ne suffit pas seulement de se dégager des attachements affectifs privilégiés, parce que primaires et originaires (l'attachement d'une fille pour son père ou d'un garçon pour sa mère), pour réélaborer une autre forme de lien affectif avec les parents ; il faut aussi pouvoir prendre ses distances avec cette « mythologie familiale », pour être en mesure d'en reconnaître le caractère relatif et imaginaire. Par ailleurs, les parents eux-mêmes ont à effectuer un « recyclage » affectif pour accepter cette prise de distance qui, en général, ne change rien aux sentiments, mais brise une unité à la fois psychologique et morale, par la nécessité de former une autre unité qui, par la force des choses, sera différente et aura également à se constituer son propre « folklore privé », avec les résidus réélaborés des folklores d'origine, issus des deux familles engagées dans cette alliance. Cependant, le dégagement et la prise de distance par rapport à la mythologie familiale sont des processus lents qui s'effectuent, en partie, dans le mouvement de la formation du couple, et sont avant tout subordonnés à un *réaménagement affectif.* Ce que, dans une formulation, on désigne par l'expression « maturité affective ». Elle ne signifie pas une opposition aux valeurs ou aux habitudes des parents. Une telle opposition serait plutôt le symptôme d'une « crise » psychologique. Elle doit permettre au sujet, au contraire, de constituer ses propres valeurs, sa propre compréhension de l'existence, qui seront toujours plus ou moins marquées par celles des parents. La *prise de conscience* de cette marque parentale peut être considérée comme un signe de la maturation affective. Cette reconnaissance permet une prise de distance, plus ou moins modulée, à partir de laquelle pourra s'effectuer une négociation positive avec le futur partenaire, lui aussi pris dans ces mêmes contradictions, cette même nécessité d'en prendre conscience et de savoir les gérer.

Cependant, ce dégagement des *modèles parentaux*, dans leurs aspects divers (habitudes de vie, conception plus ou moins exprimée de la vie en commun, etc.), postule un dégagement beaucoup plus profond et plus névralgique qui concerne l'*enracinement affectif* de la relation aux parents. Celui-ci joue à deux niveaux : l'attachement affectif, qui peut privilégier l'un ou l'autre des parents, l'*attachement structurel*, qui supporte le premier, et se trouve constitué par l'intériorisation des « images » parentales, avec leurs effets sur la *personnalisation du sujet.* C'est à ce niveau que se joue la *problématique œdipienne*, dont la bonne résolution est décisive pour accéder à une vie amoureuse satisfaisante. Or, cette résolution est toujours *incertaine*, et cette incertitude peut avoir, contradictoirement et de façon paradoxale, des conséquences tout aussi bien négatives que positives. C'est en quelque sorte l'accord, ou la complémentarité des incertitudes, qui assure le plus souvent la dynamique du couple. Le passé infantile, l'histoire infantile n'agit pas simplement par les effets de ce que nous avons appelé la « mythologie familiale ». Il agit d'une façon plus profonde et décisive, car l'histoire infantile constitue en fait la *préhistoire* du sujet. C'est toute l'organisation de la personnalité qui est en jeu, parce que c'est elle qui va conditionner les choix amoureux, leur stabilité ou leur instabilité, et, par conséquent, déterminer l'aptitude à mener une vie de couple.

La problématique œdipienne est au centre de ce dispositif. Souvent, on dit que le « complexe d'Œdipe » est la « tarte à la crème » des psychanalystes. Procès ridicule et naïf! C'est méconnaître la force des expériences affectives infantiles et le caractère *originaire* de leurs déterminations. Le « complexe d'Œdipe » n'est pas seulement le fait qu'une fille aime mieux son papa que sa maman, et qu'elle soit jalouse d'elle. Il suffit d'ailleurs d'observer les enfants pour se rendre compte à quel point il s'agit là d'une vérité incontournable. Ce n'est pas non plus le seul fait qu'un garçon soit attaché à sa mère et se voie en rivalité avec son père. Ici aussi, l'observation est éloquente. Ce n'est là qu'un niveau superficiel de la problématique œdipienne. En réalité, les choses sont beaucoup plus complexes et souvent contradictoires. Le garçon peut prendre son père comme « modèle » ou comme « idéal » et, parfois, tendre à adopter une attitude « passive » et « féminine » devant lui. On peut en dire autant de la fille, dont la mère peut être à la fois le « modèle » et le « contre-modèle », et le père être, éventuellement, l'« idéal » auquel s'identifier. Ainsi, les identifications et contre-identifications sont souvent *croisées*, et la problématique œdipienne décrite habituellement est une abstraction, un *concept* qui, dans la réalité, prend des configurations infiniment diverses.

Rien n'est jamais simple et unilatéral: la rivalité ou la jalousie impliquent l'attachement affectif. L'attachement affectif lui-même n'est pas exempt d'*ambivalence*. La configuration œdipienne est toujours instable, et toujours en cours de réélaboration. En outre, la constatation d'identifications croisées fait apparaître une notion importante, celle de la *bisexualité*, c'est-à-dire le fait, pour chaque sujet humain, de porter en lui, au niveau psychologique, des éléments du sexe opposé.

Ce matériel complexe et divers, nous devons l'utiliser pour comprendre les déterminations profondes des choix amoureux et de leurs prolongements. La vie de couple est ainsi tributaire de niveaux très différents de la vie psychique, dont l'accord complet n'est jamais assuré, seul étant déterminant le niveau le plus « profond », le plus décisif, c'est-à-dire celui qui structure la personnalité : le niveau œdipien. D'autres éléments, liés à des expériences sexuelles précoces, auront aussi une incidence spécifique. La sexualité humaine est, nous le savons, fondamentalement *perverse*, même quand elle est « normale ». L'accès à la *sexualité génitale*, qui apparaît à l'adolescence et fonde la sexualité adulte, se fait à travers une succession d'étapes très névralgiques qui, chacune pour leur part, peuvent marquer de façon définitive la sexualité adulte. Nous aurons à y revenir de façon plus détaillée.

La personnalité est donc une sorte d'édifice constitué de couches superposées, de nature différente, dont la plus « profonde » provoque l'accrochage amoureux et garantit sa permanence. Les autres « couches » ne sont pas nécessairement en phase avec celles, correspondantes, du (ou de la) partenaire. C'est cette *hétérogénéité* du potentiel de correspondances mutuelles qui est la source des conflits du couple. Elle est, par nature, *frustrante* ; toujours sourd une agressivité latente, qui peut s'exprimer soit par de petits reproches, soit par des taquineries plus ou moins humoristiques, soit, dans les cas aigus, par les grandes « scènes de ménage ». Seule la *passion*, nous le verrons plus loin, abolit les contours et les différences. *Mais la passion n'est pas l'amour.* Nous aurons à nous expliquer sur cette assertion paradoxale. D'une façon plus générale, on est amené à penser que le couple doit prendre en charge *l'altérité de chacun des partenaires*, dont chacun est, effectivement, un « autrui » pour un autre « autrui ». Chaque sujet est ainsi enfermé dans cette altérité, qui assure sa liberté intérieure mais fragilise le potentiel de communication. Le sujet n'est pas seulement un « autre » pour son partenaire. L'altérité lui est aussi intérieure, dans la mesure où il est *divisé, clivé,* du fait de l'existence de l'inconscient. De ce fait, une grande partie des déterminations qui le font agir lui échappe. « Je est un autre. » Nous pouvons reprendre à notre compte la formule de Rimbaud, en précisant que « Je » est doublement un « autre ». Il est un « autre » pour l'« autre » et il est un « autre » vis-à-vis de lui-même. Dans cette perspective, la *contradiction fondamentale* du couple est complexe, mais intéressante à examiner. Le couple doit, en tant que tel, assurer sa cohésion et son unité, alors que les partenaires, chacun pris à part, cherchent à préserver une bonne partie de leur individualité.

La relation de couple est ainsi prise dans une dynamique d'*aliénation* constitutive de l'amour: aimer, c'est intérioriser une partie de l'« autre » et s'incorporer, en partie, dans sa personnalité. « Je » est, en partie, dans l'« autre », et réciproquement. En même temps, il s'agit de se déprendre de cette aliénation pour garantir l'unité de la personne. Cependant, dans la vie de couple, l'unité de la personne est sans cesse remise en question, sans cesse à réélaborer à partir d'identifications partielles, ou totales, liées à l'attachement amoureux, de telle sorte qu'au bout de nombreuses années, les deux partenaires du couple peuvent finir par se ressembler comme des frères jumeaux.

Cette tension perpétuelle entre *aliénation et libération* connaît des « modes de gestion » infiniment divers. Le plus simple, voire le plus courant, est celui de la *dominance.* Le conflit est éludé ou escamoté par le fait d'une dissymétrie originaire fondée sur la domination de l'un des partenaires. C'est ce que Freud appelle le « choix d'objet par étayage », c'est-à-dire sur le modèle du « père qui protège » ou de la « mère qui nourrit ». Le conjoint « s'appuie » sur son partenaire comme sur un étai. C'est l'« étayage ». L'*autoritarisme* chez l'homme, ou le *maternage* chez la femme, sont des solutions de facilité. En fait, les choses ne sont jamais aussi simples. L'« autoritarisme » masculin peut se révéler, en réalité, le pouvoir que la femme *impute* à l'homme, lui donne dans le mouvement d'idéalisation que suscite l'amour. On ne sait plus très bien qui dirige qui. Dans le « maternage », l'homme accepte une partie de sa passivité et, par cette régression même, se comportant comme un enfant capricieux; il *manipule* sa compagne à sa volonté.

Qui a le pouvoir? Éternelle question, et sans réponse. Parfois, l'enjeu de pouvoir est évident. La lutte pour le pouvoir sert d'aliment à la dynamique du couple, sous la forme d'une guerre sourde, avec quelques batailles plus tonitruantes: c'est en quelque sorte la révolution permanente ou le coup d'État à répétitions. Les journées sont parfois chaudes: mais qu'en est-il des nuits? Bonne question. La sexualité est parfois le ciment du couple, ou parfois, au contraire, l'élément de sa perdition. L'attachement sexuel est souvent un facteur important de la stabilité du couple. Quelquefois, il entre en contradiction avec des frustrations affectives consécutives aux déceptions qu'inflige le partenaire, quand, au fil des ans et de l'expérience, il se révèle sans consistance morale ou intellectuelle. C'est l'heure des règlements de comptes, aux suites indéterminées.

Un des problèmes les plus importants auxquels est confronté le couple est celui de sa *capacité à l'autorenouvellement*. Une certaine « usure » peut toucher les désirs sexuels: chacun sait que manger toujours le même plat, fût-il le plus savoureux, provoque une diminution de l'appétit. Les partenaires peuvent avoir le sentiment de ne plus devoir se découvrir l'un l'autre, ou de n'être plus capables de faire, ensemble, de nouvelles découvertes. Cependant, la vie continue, avec ses habitudes, sa routine, ses crises, parfois sources d'un nouvel élan. L'*attachement affectif*, notamment, maintient une certaine cohésion dans le couple, parce que le besoin de sécurité ainsi entretenu fait valoir sa nécessité impérative et continue.

La vie du couple semble une sinusoïde alternant des périodes de solitude à deux et des moments fusionnels. Déterminante, malgré tout, est l'aptitude du couple, en tant que tel, à satisfaire les *nécessités affectives profondes* de chacun des partenaires. C'est à ce niveau qu'interviennent les modalités de l'évolution de la problématique œdipienne, que nous avons évoquées plus haut. Les premiers attachements affectifs (accompagnés nécessairement des expériences sensuelles qu'ils suscitent) servent non de modèles aux attachements ultérieurs mais de points d'attraction, de références qui vont *aimanter* l'accrochage amoureux. Ce sont là des processus complexes qui échappent à la conscience du sujet, bien que la réflexion, l'expérience aidant, puisse en donner l'intuition.

La recherche amoureuse, Freud l'a décrite en une formule saisissante : « Trouver l'objet, c'est en réalité *le retrouver*. » Il ne s'agit pas de « retrouver » sa « mère » dans la femme aimée, ni de chercher son « père » dans le futur élu. Ce sont là des naïvetés qui escamotent la vérité et la réalité de ces processus affectifs profonds, qui décident du choix amoureux et de la consistance du couple. La recherche amoureuse est toujours une recherche « idéalisante ». Il faut qu'elle soit activée par l'imaginaire, comme une course éperdue après des chimères insaisissables. L'amour est inscrit dans ce mouvement de recherche, il est ce mouvement de recherche, il est activation et réactivation permanente d'une *quête* sans cesse ni repos. Aussi, la « mère », le « père » qui, apparemment, servent de référence à la quête affective, ne sont évidemment pas les êtres « réels », ils ne sont pas non plus les « images » que le sujet porte en lui et qui le constituent pour une part. Il s'agit d'un aspect particulier, ponctuel, d'un *trait* qui, à un moment important de l'évolution psychosexuelle de l'enfant, a pu accrocher son intérêt affectif, mobiliser une sensation de plaisir inédite, que l'individu cherche à retrouver et qui mobilise son attraction amoureuse pour un être. Cet être, qui sert de *médiateur* pour des retrouvailles plus originaires, est alors doté de toutes les qualités, dès lors qu'il satisfait ou semble satisfaire des nécessités intérieures aussi lointaines.

Parfois, l'attachement affectif à un parent privilégié est plus global, plus prégnant. La problématique œdipienne joue alors un rôle d'« échangeur », où le substitut parental s'incarne dans l'« objet » du choix amoureux. Dans ces situations, les tendances régressives sont plus sensibles, et il n'est pas toujours évident pour le conjoint de les assumer. Parfois aussi, le conjoint, comme « objet » de substitution, doit pallier les carences affectives liées à l'histoire familiale de son partenaire (par exemple la perte du père ou de la mère à un âge précoce de l'enfance). Dans ces circonstances, la fonction « thérapeutique » du couple paraît plus évidente.

Ainsi, c'est la nature de la *fonction* du couple qui assure sa stabilité, sa pérennité, ses capacités d'auto-renouvellement. Il arrive alors qu'un des partenaires ait épuisé la nourriture affective qu'il recherchait dans son couple. Il procède par une sorte de désinvestissement, un dégagement affectif, qui le rend de ce fait disponible pour d'autres expériences ou pour une nouvelle expérience au long cours. L'autre partenaire se trouve dans la nécessité d'accomplir une sorte de *travail de deuil*: le deuil de son couple, puisque son associé a retiré sa mise. C'est un travail douloureux, qui montre à quel point un couple est une formation « collective » (« une foule à deux ») où chacun intériorise la partie de la substance de l'autre qui lui est nécessaire.

Cette situation limite, radicale pour ainsi dire, est la forme accomplie de situations moins aiguës que rencontre le couple dans le courant de sa vie. Les « crises » du couple surgissent quand l'un des partenaires a le sentiment que son « coéquipier » lui échappe, ou qu'il subit un préjudice affectif, pour des raisons diverses, et qu'il a à supporter une déception douloureuse, quelle qu'en soit la nature. C'est l'aptitude à gérer ces « deuils » *a minima* qui permet au couple de survivre, et de continuer sa route. Cette aptitude est parfois l'effet spontané de réajustements mutuels de chacun des partenaires, ou bien la conséquence d'une « explication », qui fonctionne comme une psychothérapie réciproque, et qui permet à chacun de retrouver ses « marques », c'est-à-dire les repères intérieurs qui assurent la pérennité de leur amour mutuel.

C'est quand l'amour vient à manquer que le couple a épuisé toutes ses ressources. On est frappé par la force de la *haine* qui accompagne ces situations de rupture. Comment deux êtres qui se sont aimés, qui ont partagé toutes les avanies de la vie quotidienne, qui ont fait preuve de solidarité lors de difficultés apparemment insurmontables, deviennent ces ennemis hargneux, qui ne peuvent plus communiquer que par avocat interposé ? Le discours de la séparation est affligeant d'agressivité et de mesquinerie. Pour celui qui a pratiqué ces thérapies de couples en turbulence, qui a entendu les propos violents et dérisoires des partenaires lésés et prêts à tout pour assouvir une vengeance qui dépasse leur conflit et les dépasse eux-mêmes, quelle impression de tristesse, presque de désespoir, devant la radicalité de ces retournements de l'amour…

Chapitre III

Le lit ou l'érotisme au quotidien

Le lit est un *lieu* hautement symbolique de l'amour, et très révélateur de la vie du couple.

La sexualité est l'essence même de l'amour : il ne saurait s'y réduire, mais sans elle, l'amour dit platonique est comme une âme morte. Elle est révélatrice de la vie du couple : la communication physique complète et enrichit la communication affective. L'« entente sexuelle » est souvent un gage de la bonne santé du couple, de même que la « mésentente », à ce niveau, traduit une discorde plus ou moins profonde, parfois même des difficultés psychologiques sérieuses chez l'un des partenaires.

L'accès à la vie sexuelle ne va pas de soi. Parfois, la *peur* devant la sexualité parasite la vie amoureuse, la rend difficile, sinon douloureuse, et coupe la voie à toute vie en commun. Pourquoi la peur ? Vaste interrogation à laquelle il est difficile d'apporter des réponses : elles sont diverses, complexes, parfois contradictoires ou confuses, parce que, en réalité, elles sont relatives à la *constitution* même de la sexualité humaine. Évoquer la morale judéo-chrétienne ou l'éducation répressive n'apporte de réponse que très superficielle et partielle. Il est vrai que les structures sociales et éducatives, les idéologies dominantes qui sont des retombées vulgarisées et laïques de l'idéologie chrétienne, ne font guère cas de la vie sexuelle, et que l'épanouissement sexuel n'est pas le souci dominant de ceux qu'on appelle les « décideurs ». De plus, les symptômes habituels qui expriment les difficultés sexuelles, frigidité féminine, impuissance masculine, sont relativement bien pris en charge par diverses thérapeutiques : psychothérapies de type psychanalytique ou comportementaliste, traitements médicamenteux à base de produits à effets vascularisants.

Les vrais problèmes ne sont pas à ce niveau. Ils sont à dimension anthropologique, impliqués par cette altérité radicale qui marque la différence des sexes. L'homme et la femme ont, chacun à leur manière, peur l'un de l'autre. C'est leur identité sexuelle qui se trouve en jeu, par l'intermédiaire d'une fantasmatique dramatique qui, sur un mode plus tempéré, est au principe de cette identité sexuelle. La culture phallocentriste, issue des premiers temps de l'humanité, et encore accentuée par les institutions, répond à l'alternative populaire bien connue : « en avoir ou pas ». L'*angoisse* de castration est, paradoxalement, partagée par les deux sexes, parce que l'unification de l'image du corps est un processus lent, acquis progressivement par le petit enfant, et toute *perte* de son univers extérieur (le sein) ou de son contenu intérieur (les fèces) est vécue comme une atteinte à une intégrité corporelle en voie de constitution. Ce sont là les prototypes de la « castration », vécue comme un danger par le petit garçon et comme une mutilation par la petite fille. La suractivation de cette fantasmatique, liée aux aléas du développement psychosexuel, rend les sexes dangereux l'un pour l'autre. Le *vagin* est un orifice mystérieux qui peut porter préjudice au pénis qui doit le pénétrer (qu'il suffise d'évoquer le mythe du « vagin denté » dans certaines ethnies dites primitives).

Le *pénis*, également, est une arme maléfique, destructrice, qui dilacère le ventre et le corps de la femme. La *peur de la pénétration* est également partagée par les deux sexes, de façon symétrique. Anthropologues et ethnologues disputent depuis des décennies des *déterminations* de cette *dissymétrie originelle et originaire* entre l'homme et la femme. Ce n'est pas le lieu ici de relancer ce débat. Il nous faut prendre acte de cette *oppression* de l'homme sur la femme, reprise et aggravée par l'*oppression de classes*, accompagnée d'une *répression de la sexualité féminine*, qui ont produit, historiquement, une certaine forme d'*être homme* et d'*être femme* qui perdure encore de nos jours, malgré une certaine évolution des mœurs et des mentalités. Tout se passe comme si « *l'Éternel féminin* » s'était construit en réaction à la domination masculine, grâce à quoi la femme, à sa manière, se trouve loin d'être désarmée dans cette « guerre des sexes » vieille comme le monde. Aussi bien, si le *pouvoir social*, le pouvoir public est, majoritairement, entre les mains masculines, le *pouvoir privé*, celui qui régente la régulation de la relation entre l'homme et la femme, face à leurs désirs réciproques, ce pouvoir-là échappe même au regard le plus acéré. En quelque sorte, celui (ou celle) qui détient les « secrets » du « lit » n'est pas toujours celui (ou celle) qu'on croit. Ajoutons que les apparences extérieures des sujets ou du couple qu'ils forment ne donnent absolument aucune indication.

La psychanalyse, qui souvent est accusée d'être phallocentriste, d'être une idéologie de l'« homme » et du « père », ne fait, en réalité, que rendre compte de cette *dissymétrie constitutive*, ce qui ne signifie pas qu'elle en fasse l'apologie, loin de là. Au contraire : sa connaissance peut permettre à la femme de construire sa propre identité, dans la *différence*, et non par opposition et réaction ; en outre, en mettant l'accent sur l'importance de la sexualité dans les différents aspects de l'existence humaine, elle valorise la rencontre entre les sexes et son potentiel d'épanouissement personnel.

Reste à savoir si la *nature* et la *forme* des structures socio-économiques, avec leurs incidences idéologiques et culturelles, ne sont pas les éléments déterminants de cet épanouissement de la personne. Seule une société *humaine* peut humaniser les rapports entre les êtres, surtout entre les hommes et les femmes. Mais c'est un autre problème, gigantesque, qu'il n'est pas dans notre propos d'aborder.

Toutes ces considérations générales permettent de souligner la complexité inouïe des rapports entre l'homme et la femme, pris dans une *double altérité*: celle qui spécifie la relation entre les êtres humains, enfermés dans leur subjectivité, et dont le *langage* permet une communication très problématique ; celle qui caractérise l'identité sexuelle, qui surcharge les difficultés de la communication par toute la fantasmatique accompagnant l'accès à la sexualité subjective. En effet, on oublie trop souvent que le *sexe anatomique*, tel qu'il apparaît à la naissance, ne garantit pas la sexualité subjective, c'est-à-dire la *constitution du désir*, le désir masculin mobilisé par la femme, et le désir féminin mobilisé par l'homme.

Ce sont toutes les péripéties complexes de cette constitution du désir, c'est-à-dire l'accès au fait de la coïncidence du sexe psychologique avec le sexe anatomique, qui spécifient le *régime sexuel* personnalisé de chaque individu. C'est la découverte de ce régime sexuel de chacun des partenaires du couple qui conditionne la réussite de la rencontre amoureuse. Cette découverte ne va pas sans tâtonnements, erreurs, dérapages, ni sans leurs corollaires, la rancœur, l'amertume, la déception. C'est une démarche qui demande beaucoup de respect, de patience, de tendresse, parce que la tendresse crée ce climat de confiance mutuelle qui évite des malentendus trop risqués.

Cependant, l'élément déterminant tient dans la *représentation*, conscience et inconsciente, que l'un des partenaires se fait de l'autre. Cette représentation est issue des conditions psychologiques qui ont permis la rencontre amoureuse. Cette représentation est un mélange complexe des éléments de la fantasmatique individuelle, mélangés à des résidus de l'idéologie fruste qui conditionne l'« image » de l'homme et de la femme, à une époque historique donnée. Notre époque est surtout marquée par la *mode*, qui privilégie telle ou telle vedette de cinéma ou du show-business, comme modèle porteur des signaux érotiques appropriés. (Rappelons-nous la vogue de la petite robe en cretonne de Brigitte Bardot, de sa coiffure, de sa moue « enfantine », la coiffure en « banane » de Johnny Hallyday, qui a fait beaucoup d'adeptes masculins.) Cependant, ce n'est pas l'« image » qui est décisive : ce sont les déterminations « profondes » du choix amoureux. Pourtant, l'« image » peut intervenir dans l'« érotique » individuelle comme support des jeux érotiques qui sont le préalable à toute relation sexuelle.

Les déterminations « profondes » liées aux exigences de plaisir de la toute petite enfance, expériences qui inaugurent le développement de la *sensualité*, c'est-à-dire la forme primaire de la sexualité (la sexualité infantile), constituent cette géographie érogène dont nous avons parlé, avec son dispositif pulsionnel et son accompagnement fantasmatique. C'est à ce niveau que se joue *l'accord sexuel*. Il demande beaucoup de liberté et exige de se débarrasser de tous les préjugés. Ce qui ne va pas du jour au lendemain.

La relation sexuelle entre l'homme et la femme, qu'on pourrait croire naturelle, simple, spontanée, est en fait jonchée de nombreux écueils. La relation homosexuelle, dont on penserait qu'elle est libérée des contraintes de l'altérité, se retrouve, du fait même de l'existence d'une pratique sexuelle, soumise aux mêmes complications. Avec la sexualité, rien n'est simple. La relation sexuelle est en quelque sorte le *moment de vérité* où les êtres se découvrent, démunis, nus, dans tous les sens du terme, pris dans le désarroi des exigences pulsionnelles. L'excitation sexuelle abolit tout contrôle, instaure une espèce d'ivresse sournoise qui déchaîne tout un monde souterrain où le sujet ne se reconnaît plus. Les gestes, les paroles, les gémissements, les hurlements sont un nouveau discours complètement désarticulé sous l'empire des nécessités impérieuses du désir, qui institue une nouvelle communication, dont personne ne maîtrise le lexique, et encore moins le sens. Ce corps à corps où la respiration remplace le langage, où les cris tiennent lieu de mots, où les mots ne sont que le chuchotement des fantasmes, et les fantasmes un halètement sans paroles, ce corps à corps supprime la distance entre le corps et l'esprit, qui se dissolvent dans la sueur, les odeurs, tous ces liquides de l'amour qui valent tous les parfums du monde. Le corps et l'esprit se perdent dans cet univers d'avant la conscience, cet univers préhumain, mythique, où l'homme et la femme ne faisaient encore qu'un seul être.

C'est cette *perte d'existence* qui est à la fois recherchée et redoutée dans la communication sexuelle. La recherche de la *symbiose originaire*, constituée par la mère et le tout petit enfant, reste très active dans le psychisme adulte, parce qu'elle réactualise une expérience ineffable de complétude et de bonheur, avant que les *processus d'individuation* n'entreprennent cette séparation psychologique donnant accès aux premières ébauches d'autonomie. Cette *transition* entre le « Moi » (du petit enfant) et le « non-Moi » (c'est-à-dire la mère) n'est pas simple. Le psychanalyste anglais Donald W. Winnicott a d'ailleurs découvert la nécessité de l'« objet transitionnel » : un morceau de drap, une peluche d'ours ou toute autre chose imprégnée de l'odeur maternelle que l'enfant suçote et qui lui permet, en quelque sorte, de « choisir », par lui-même, les diverses étapes de son autonomisation. Ces expériences originaires ont une puissance d'attraction et d'appel permanente, qui s'exprime de façon irrésistible lors des situations de régression. Le passé fait alors retour dans le présent, et le sujet s'en trouve à la fois émerveillé et inquiet. La relation sexuelle est exemplaire de cette condensation du passé et du présent. Aussi Freud a-t-il pu écrire : « Quand on a vu l'enfant rassasié abandonner le sein, retomber dans les bras de sa mère et, les joues rouges, avec un sourire heureux, s'endormir, on ne peut manquer de dire que cette image reste le modèle et l'expression de la satisfaction sexuelle qu'il connaîtra plus tard. »

Les psychanalystes ne sont pas responsables du fait que l'adulte est d'abord un enfant et, né du ventre de sa mère, ses toutes premières expériences de plaisir (et de déplaisir) s'originent dans cette situation primordiale.

La relation amoureuse et la recherche amoureuse sont, bien entendu, enrichies et développées par les expériences ultérieures, mais la tentation régressive est permanente et la situation constituée par la relation sexuelle est, en grande partie, informée par ces traces venues du plus loin de la formation de la vie affective.

Aussi, l'*abandon* et la *liberté d'être* qu'exige la relation sexuelle pour satisfaire ces nécessités profondes ne sont pas souvent, et pour des raisons complexes, évidents pour beaucoup de couples. La force du désir, dont on pourrait croire qu'elle lève tous les blocages, fonctionne sur un registre contradictoire. La recherche du plaisir et la *peur* du plaisir entrent en compétition. Notre époque dite de « libération sexuelle », où les publications à vocation informative ou pédagogique pullulent, n'a pas résolu, pas plus d'ailleurs que les autres époques historiques, une « ignorance » du corps et de ses usages qui ne relève pas d'une « connaissance » acquise, mais se trouve liée aux inhibitions constitutives de la formation du désir. Aussi, pourrait-on dire, si l'information ne fait pas de « mal » (ce qui n'est pas toujours sûr!), elle ne fait pas de « bien » non plus.

La véritable « liberté sexuelle » ne s'acquiert pas au moyen d'un apprentissage approprié: *il n'y a pas de pédagogie du désir*. C'est toute l'économie des relations intrafamiliales qui serait à examiner. Lorsque les sexologues sont amenés à résoudre les problèmes sexuels d'un couple, ils croient agir par la vertu d'injonctions positives: « Faites ceci, faites cela », etc. En réalité, leur discours à contenu « pédagogique » produit des effets de déculpabilisation déjà impliqués par la démarche même des « patients ». Le désir se construit paradoxalement, avec et contre la culpabilité. Trop de culpabilité ou pas de culpabilité du tout (en admettant que cela soit possible) ont le même effet négatif. Il faut « un peu » de culpabilité pour voir naître le sentiment de *transgression* grâce auquel se tend le désir.

La société dite « permissive », avec ses publications, ses films et ses spectacles érotiques et pornographiques, n'assure pas une meilleure sexualité. Ces plaisirs érotiques fonctionnent le plus souvent pour leur propre compte. Parfois, ils peuvent aider des couples en panne de fantasmes. C'est la *liberté des fantasmes* qui décide de tout. Encore faut-il que les partenaires du couple soient sur la même longueur d'ondes, et, surtout, qu'ils soient inventifs et créatifs. Il existe une sorte d'apprivoisement mutuel au plaisir donné, comme au plaisir reçu. Chacun apporte son imagination dans ses paroles, dans ses gestes, dans ses caresses: chacun apprivoise le corps de l'autre selon ses propres désirs, pour aller à la découverte – sans cesse renouvelée – de la parole, du geste qui suscitera le plaisir de l'autre. C'est l'échange des plaisirs qui renforce le plaisir commun.

Ainsi se constitue la communication sexuelle, qui n'est pas une gymnastique « hygiénique », ni une succession de contorsions apprises dans le petit bréviaire de l'amant idéal, mais une *libération des corps*, qui, par cette liberté même, réserve surprises et découvertes. Le corps, dans son entier, est une multitude de paysages érogènes, dont chacun est la source d'un plaisir différent ; c'est la capacité à provoquer cette multitude des plaisirs infinie et variée, qui renforce l'entente sexuelle. Ainsi s'opère la *relance* du désir et se crée, dans le quotidien, l'agrément de la présence du corps de l'autre et l'attente de la rencontre sexuelle qui peut, tout aussi bien, être annulée, parce que le désir refuse d'attendre. Cette connivence sensuelle quotidienne, dont un regard, un geste, une ébauche de caresse, une parole suggestive constituent les éléments d'une communication des désirs, donne à la vie à deux son charme incomparable. Par-delà la grisaille, les contraintes, les ingratitudes de la quotidienneté, cette communication sensuelle, indéfiniment renouvelée, permet au couple de traverser la durée. Il n'y a rien au-dessus de l'amour partagé. L'épanouissement de la sensualité dans cette complicité sans limite de l'échange des plaisirs donne à la vie du couple son sens et sa nécessité. Seul le vieillissement amortit, peu à peu, ces résonances subtiles et fortes. Nous en reparlerons.

L'amour libre, qui se nourrit de ce climat de désirs latents, nécessite que les partenaires aient dépassé et surmonté certains blocages et certains problèmes. Pour des raisons complexes, qu'il nous faudra élucider, il arrive parfois que l'un des deux, homme ou femme, éprouve une difficulté particulière face à la relation sexuelle. Cette difficulté est intéressante à étudier parce qu'elle constitue, sur un mode « pathologique », un élément qui existe, *a minima*, dans beaucoup de couples et chez beaucoup d'individus.

Le discours traditionnel sur la sexualité disqualifie les organes sexuels parce qu'ils sont « laids », « sales », et se situent au carrefour des excrétions, entre le « pipi » et le « caca », pour reprendre le langage enfantin, lequel rend compte de la vérité de la situation, telle qu'elle se présente dans la psychologie de certains adultes. Ces derniers, sans le savoir, vivent leur sexualité comme les enfants, indépendamment de leur éducation morale ou religieuse. Ils pensent, plus ou moins, que les organes sexuels sont « sales » et « laids » et, de ce fait, ont une conception péjorative de la sexualité, laquelle serait dégradante. Ils n'en sont pas moins en proie au désir, mais ils le satisfont avec des personnes qu'ils jugent « basses » ou « viles » – notamment, pour les hommes, avec des prostituées.

Au XIXe siècle, et même, pourrait-on dire, voici à peine un demi-siècle, les fils de la « bonne » bourgeoisie « jetaient leur gourme », comme on disait, avec des filles de « basse » extraction, ouvrières, employées ou paysannes, avant d'épouser une héritière de leur condition. « L'abaissement de la femme », en tant qu'il permet le rapport sexuel, n'est socio-culturel que dans les apparences. En réalité, il correspond à une problématique complexe et profonde. La femme qu'on aime est *idéalisée*, elle vit dans un ciel de pureté, loin des appétits « bestiaux ». Il n'est pas question d'avoir des relations sexuelles avec elle. La vie sexuelle existe en dehors d'elle, avec des femmes qu'on considère comme « basses », selon les critères des conventions bourgeoises. Ainsi, l'idéologie ou la morale viennent cautionner un comportement dont l'origine est en réalité liée au développement psychosexuel du sujet. Derrière la femme idéalisée et « pure » qu'il faut protéger de toute atteinte du désir, il y a la mère, inaccessible par principe. Ce type de comportement se traduit chez certains hommes par une répugnance du sexe de la femme ; leur approche sera uniquement fonctionnelle et mécanique. (Pauvres femmes !)

Le pendant féminin de ce comportement existe. Certaines femmes mariées à un homme qu'elles aiment ne peuvent avoir de plaisir sexuel satisfaisant avec lui, et font alors des expériences sexuelles de rencontre, avec un résultat par ailleurs plus ou moins hasardeux. Derrière l'homme aimé, il y a le « père », à jamais inaccessible, et tellement idéalisé qu'aucun homme ne pourra arriver à l'égaler.

Dans un cas comme dans l'autre, on saisit sur le vif la séparation du courant *tendre* et du courant *sensuel* de l'amour. Le courant tendre est le plus primitif, il est celui qui attache à la mère qui nourrit et sécurise. Le courant sensuel est en léger décalage, mais la force de l'attachement à la mère ne permet pas, ou permet mal, ou ne permet que tardivement sa liaison avec le courant sensuel. Chez la femme, le courant tendre est également issu de l'attachement à la mère. Le courant sensuel peut s'y joindre dans un mouvement d'homosexualité primaire qui, en général, disparaît lorsque l'intérêt affectif se porte sur le père. Dès lors, le courant tendre, dissocié du courant sensuel, se nourrit de la relation affective au père, et l'homme aimé, substitut du père, n'accède pas au statut d'« objet sexuel ». C'est un exemple parmi d'autres pour comprendre les difficultés que peuvent connaître certains couples à avoir une communication sexuelle satisfaisante.

Les situations que nous avons étudiées sont des cas extrêmes. Il existe toutes sortes de situations intermédiaires dont le processus causal est presque identique, tout en conduisant à des blocages différents. Notre but n'est pas d'établir les « règles » d'une bonne situation sexuelle. C'est au couple de les trouver, de les inventer et, surtout, d'inventer celles qui lui conviennent. Mais combien de couples malheureux parce que l'un des partenaires n'a pas su, ou n'a pas compris ce dont son partenaire avait besoin pour accéder au plaisir.

La répugnance pour le sexe de l'autre limite le champ des jeux érotiques, tellement importants pour la bonne tenue de la communication sexuelle. Le rapport au sexe de l'autre est, pour une part, conditionné par le rapport du sujet à son propre sexe. Le « sale », le « laid » qui, en vérité, sont des qualificatifs qui n'ont pas cours, ou ne devraient pas avoir de sens dans la situation sexuelle, reflètent la difficulté de nombreux sujets pour assumer *librement* leur sexualité. Mais peut-on, vraiment, assumer « librement » sa sexualité ? Là est la véritable question.

Parmi les nombreux textes consacrés par Freud aux problèmes de la sexualité humaine, il en est un, apparemment énigmatique et paradoxal, selon lequel « la psychanalyse n'est pas faite pour l'être humain ». On en reste pantois. Qu'est-ce que cela veut dire ? Voici comment interpréter ce propos quelque peu étrange. La psychanalyse, dans son principe et son action, se propose de « libérer » le sujet des blocages archaïques, c'est-à-dire des contraintes qui entravent l'expression libre des pulsions et des désirs, lesquelles contraintes se traduisent par différents symptômes qui parasitent plus ou moins gravement la vie du patient. Or, ce corset de contraintes est constitutif de la formation du sujet, dont la « liberté », comme on le sait, s'arrête à celle d'autrui. La vie sociale exige que les nécessités pulsionnelles soient contrôlées, sous peine de régresser à une « sauvagerie » sans règle ni loi, dont il n'est pas sûr qu'elle ait jamais existé. Les sociétés dites « primitives » connaissent des « tabous », c'est-à-dire des restrictions pulsionnelles, qui valent largement les nôtres. La psychanalyse desserre plus ou moins le « corset », et permet au sujet d'établir un meilleur *compromis* entre ses désirs et la réalité, qui se traduit non seulement par la disparition plus ou moins complète des « symptômes », mais aussi par le fait de trouver un meilleur goût à la vie. Ce que Freud présente comme le fait d'accéder à la possibilité « d'aimer et de travailler ». Mais, en fait, les désirs restent toujours les plus forts, ils continuent à agir en sourdine, et le sujet doit pouvoir « sublimer », c'est-à-dire s'investir dans des activités « artistiques » ou « sociales », ou bien encore savoir « gérer » une certaine *souffrance psychique* qui peut rendre sa personnalité attachante ou insupportable, à moins qu'à l'instar de Baudelaire il ne fasse de sa souffrance le matériau d'une œuvre poétique ou artistique.

Ce détour « clinique » est important pour comprendre les destins de la sexualité humaine. C'est dans le couple que le sujet doit aller le plus loin possible dans l'assouvissement de ses désirs. Encore faut-il qu'il rencontre un partenaire consentant.

Ainsi, une patiente qui vit sa sexualité sous la contrainte d'un *masochisme physique* qu'elle satisfait avec un partenaire disponible pour éprouver le plaisir de la fouetter ou de la battre, peut, par ailleurs, vivre avec un compagnon qu'elle aime et qu'elle estime, sans autre lien que la tendresse. Et que dire de ce prêtre qui demande aux prostituées ce même genre de « services » ?

Ce qu'il est convenu d'appeler les « perversions » est, en quelque sorte, la caricature grossière et parfois dramatique de ces petites « manies » (comme les appelle Charles Fourier) qui sont, pour chaque sujet, le secret de son accès au plaisir. C'est dans le couple que ce secret doit pouvoir se faire découvrir, car chacun des partenaires a le sien, et il n'est pas toujours sûr que ces « secrets » puissent être *mutuellement* partagés. En son principe, la sexualité est insatiable et inassouvissable. On reste toujours sur sa faim : grâce à quoi le désir est relancé, à moins que la rancœur et la grogne ne s'installent dans le couple : les réparateurs de ces porcelaines fragiles ont parfois du mal à recoller les morceaux... Freud exprime cette problématique en ces termes : « Il y a peut-être quelque chose dans la pulsion sexuelle qui empêche sa pleine satisfaction. » En fait, la pulsion sexuelle est toujours accompagnée de représentations, de fantasmes, d'images qui instituent et mobilisent le désir. C'est la *complémentarité des représentations*, le déclenchement mutuel du désir qui assure au couple un bon régime sexuel.

De ce point de vue, et du fait même de la prééminence du psychisme dans la sexualité humaine, les hommes et les femmes ont un mode de fonctionnement radicalement différent. On pourrait dire que, pour des raisons anatomo-physiologiques, la sexualité masculine est plus proche du corps et celle de la femme plus proche de l'esprit. C'est à la fois vrai et moins vrai, c'est-à-dire non complètement faux. En réalité, le mécanisme de la satisfaction sexuelle chez l'homme paraît relativement simple. En revanche, chez la femme, on reste encore dans l'incertitude, voire dans le « mystère », et les opinions les plus opposées, sinon les plus extravagantes, se font jour et s'évaporent aussi vite qu'elles sont apparues. En effet, il échappe à de nombreux « spécialistes » de la « sexualité » que la *qualité* du plaisir chez l'homme, voire son existence, est fortement subordonnée à son accompagnement fantasmatique. Chez l'homme, comme chez la femme, la sensation corporelle agréable ne dépend pas seulement de son « lieu d'accueil », mais également de l'imaginaire mis en activité par la rencontre sexuelle, et favorisé simultanément par l'échange physique et son accompagnement en paroles. C'est l'accompagnement en paroles qui conditionne, en grande partie, l'activité fantasmatique. Mais c'est le *plaisir partagé* dans les discours érotiques qui mobilise vers l'accomplissement de la rencontre sexuelle.

Il ne suffit pas d'appuyer sur le « bon » bouton, comme

pour un ordinateur. Ni l'homme ni la femme ne sont des ordinateurs, dans ce domaine comme dans les autres domaines de la vie, mais peut-être encore moins dans ce domaine particulier et névralgique de la rencontre sexuelle. La « programmation » libidinale, c'est-à-dire donnant accès au plaisir, acquise dès les premières années de la vie, est tout aléatoire ; c'est ce qui fait son charme et son intérêt, de telle sorte que prévaut la découverte des « programmations » mutuelles en mettant, c'est le cas de le dire, l'imagination au pouvoir.

Bien sûr, l'homme sera attiré par une courbure de hanches, un mouvement des jambes, un port de tête, une avancée des seins : la démarche sophistiquée et le balancement étudié des mannequins lors des présentations de mode laissent présager des canons de l'érotique masculine. Celle-ci est également partagée par la femme. Cependant, l'homme qui se dessine le visage de brute sensuelle de Charles Bronson ou cherche à reproduire le charme romantique du grand acteur et de l'homme d'esprit que fut Gérard Philipe entre, à sa manière, plus ou moins consciemment, dans les critères d'une certaine érotique féminine. On tend parfois à penser que l'érotisme se décline uniquement « au masculin », imposant à la femme de fabriquer des fantasmes sur mesure. C'est ignorer le caractère *interactif* des rapports humains, notamment la dialectique subtile qui se trame entre les sexes.

Le corps n'est pas seulement le grand pourvoyeur de signaux érotiques : il parle aussi, à sa manière, et, à travers lui, il laisse passer l'« esprit ». Aussi peut-on dire qu'il y a des « culs intelligents » et des « culs idiots ». C'est une question d'expérience et de perspicacité. De même, les « rouleurs de mécaniques » peuvent laisser sourdre, à travers leur démarche chaloupée, la sensibilité ou la finesse qui échappent au premier regard.

Ainsi, la rencontre sexuelle concentre tous les problèmes de l'*altérité* entre les sexes. L'homme et la femme sont, effectivement, tout à fait différents l'un de l'autre. Ils sont des *étrangers*, étranges et énigmatiques.

Jean-Paul Sartre a su exprimer l'altérité constitutive de l'être humain et le caractère aléatoire de toute communication dans cette formule bien connue : « L'Enfer, c'est les autres. » Mais l'humain, en tant que tel, est déjà « autre » à lui-même, étranger et étrange : l'Enfer, il le porte déjà en lui.

Il s'en faut d'un cheveu (ou d'un poil) pour que la communication sexuelle « dérape » et laisse les amants insatisfaits, comme deux coéquipiers unis dans une activité commune importante et qui se révèlent, l'éclair d'un instant, des ennemis mortels et irréconciliables. Faut-il laisser exploser sa rancune, faut-il se taire ? C'est la *qualité* de l'amour qui décide, et permet au respect mutuel de prendre le dessus, afin de ne blesser personne.

Paradoxalement, c'est pour pallier son altérité intérieure, pour apaiser l'Enfer qu'il porte en lui que l'être humain recherche dans l'amour, et tout particulièrement dans la rencontre sexuelle, la reconstitution de l'unité qui lui fait défaut.

L'être humain est toujours en risque de « dédoublement de la personnalité » (comme dans certaines maladies mentales graves appelées schizophrénies). Parfois, c'est dans la *haine* qu'il trouve une solution, la haine de l'autre, différent, difficile à comprendre et à accepter, comme c'est le cas dans le *racisme*. Le racisme n'est pas l'amour à l'envers. Mais cet exemple particulier permet de bien comprendre la complexité et les contradictions inhérentes à l'être humain. L'être humain a *peur* de l'autre, comme c'était le cas lorsque, tout petit enfant, il avait à affronter un autre visage que celui de sa mère : alors, à la place de la sécurité et de la tendresse, se lisaient l'effroi et le désarroi.

Mais l'humain a aussi besoin de l'autre pour être aimé, pour aimer, pour avoir un modèle, pour se créer des solidarités. Il est pris dans cette contradiction fondamentale, qui s'alimente dans la vie de couple, et que l'amour, paradoxalement, aiguise et apaise simultanément. La contradiction la plus aiguë, la plus insoutenable, la plus explosive, est interne à l'amour même : l'amour, par sa nature même, fait craindre l'absence d'amour et la perte. C'est en ce sens qu'on peut considérer l'amour comme une drogue dure, car son manque crée un état de détresse que seule la haine meurtrière de l'autre peut apaiser. Or, la rencontre sexuelle concentre tous ces ingrédients explosifs : elle peut être édénique, comme elle peut être déchirante. Et chaque fois, tout recommence…

Sur ces contradictions toujours actives, toujours en risque de conduire vers l'explosion, se greffent d'autres problèmes. Ils touchent, pour l'homme comme pour la femme, leur aptitude à assumer leur identité sexuelle et leur statut personnel dans le couple. Parfois c'est l'homme, d'autres fois la femme qui se pose la question de savoir s'il (ou elle) est « à la hauteur », c'est-à-dire s'il (ou elle) est capable de satisfaire sexuellement son partenaire. Cette problématique peut être intérieure à l'individu ou bien se révéler dans la vie de couple, ou bien encore traduire un conflit de pouvoir qui se joue, « en sourdine », dans le couple.

Il y a des femmes qui rendent certains hommes impuissants. Ils ont peur d'elles, ils leur imputent des appétits dévorants, ils se sentent d'emblée petits garçons face à une « maman » exigeante et sévère. On pourrait renverser la proposition : il y a des hommes qui, par leur attitude passive et pusillanime, font naître chez certaines femmes des désirs sadiques d'humiliation, des hommes qui pensent leur pénis trop petit, qui craignent d'être éjaculateurs précoces (et finissent par le devenir), qui ne savent plus quoi faire pour satisfaire leur compagne. A l'opposé, il y a des hommes que certaines femmes placent très haut ; la nécessité qu'elles éprouvent d'idéaliser à l'excès leur compagnon s'accompagne d'une certaine appréhension concernant ce qu'elles considèrent comme des insuffisances physiques : « N'ai-je pas les seins trop bas, trop petits, ou trop gros ? J'ai de la cellulite sur les cuisses », etc. Elles accompagnent leur souci de cette interrogation anxieuse et permanente, adressée à leur « dieu » : « Qu'en penses-tu ? » Malheureusement, il y a beaucoup d'hommes qui sont suffisamment fats et machistes pour se trouver enchantés d'une telle situation, qui les dispense d'avoir des égards et des attentions pour leur compagne.

Il est difficile de distinguer, dans ces situations ridiculement dissymétriques, ce qui revient à l'aspect culturel de ce qui appartient aux dimensions psychologiques « profondes ». Souvent, les hommes idéalisés par leur mère « choisissent » des femmes apparemment effacées pour continuer à bénéficier du même statut privilégié. Mais il arrive parfois qu'avec les années, l'expérience aidant, la femme « effacée » se révèle une partenaire redoutable, se trouve démystifiée et assume cette démystification, non sans douleurs, mais au détriment de l'homme qui, comptant couler des jours tranquilles, se trouve aux prises avec des revendications variées qu'il ne peut satisfaire. C'est le cas exemplaire de ces couples formés sur un malentendu et qui sont appelés à s'effilocher puis à se dissoudre.

Le lit est bien un lieu de vérité. Curieusement, alors qu'il est le symbole même de la quotidienneté (nocturne), il échappe à la banalisation de la cohabitation, qui fait dire au philosophe allemand Hegel : « Il n'y a pas de grand homme pour son valet de chambre. » Il n'y a plus de Prince charmant ni de Fée dans la promiscuité du quotidien, où un certain relâchement, nécessaire, grossit les défauts ou les imperfections physiques, parfois jusqu'à les rendre insupportables. Le couple doit pouvoir « gérer » cette adaptation au quotidien, qui exige, malgré tout, une certaine vigilance, par respect pour l'autre, en quelque sorte, et tout aussi bien pour éviter l'usure, parfois trop rapide, des désirs. La sexualité est un *révélateur* d'une *certaine* vérité des êtres. Aussi, on ne peut rien savoir de ce qui se passe au « lit » en se fondant sur les seules apparences de la vie d'un couple. Le maître du « lit » n'est pas nécessairement le « maître » des lieux. Et réciproquement. Les « rapports de forces » entre toutes les dimensions de la vie d'un couple sont d'une gestion complexe et subtile.

Les modalités de cette gestion dépendent de ce qui constitue l'élément principal pour un couple donné. Pour certains, l'entente sexuelle se suffit à elle-même et, parfois, permet une meilleure régulation des autres aspects de la vie du couple. Pour d'autres, c'est une conception commune des grands problèmes de la vie, des engagements militants communs; pour d'autres encore, c'est le privilège accordé à l'élevage et à l'éducation des enfants.

La place de la sexualité tient à ce qu'on pourrait appeler l'« appétit » de chacun des partenaires. Or, dans ce domaine comme dans beaucoup d'autres, la diversité est immense. Certains couples accordant, du fait de leur foi religieuse, une grande place à la vie spirituelle, auront un mode d'équilibre différent. Le psychanalyste, pour sa part, ne juge pas. Quelles que soient ses propres « valeurs », il se doit de laisser chacun libre de choisir celles qui lui conviennent. De plus, il n'a pas à faire de la « psychanalyse sauvage ». Il réfléchit sur sa pratique et cherche à mettre en « théorie » cette réflexion.

Une question très délicate demeure. Un couple peut-il éviter les « épreuves de force »? Peut-il vivre indépendamment des « rapports de forces »? Quelles que soient les modalités d'« arrangement » qu'un couple peut trouver pour survivre, une interrogation subsiste, lancinante:

quelle est la place de la sexualité dans cet « arrangement », et quelle est l'influence du machisme socioculturel? Corollaire : comment l'évolution actuelle des « mœurs » et des « mentalités » agit-elle sur cette vaste problématique des rapports de l'homme et de la femme ?

Au centre de ce questionnement, la *sexualité féminine* est en jeu, et l'aptitude de l'homme à la « prendre en charge », c'est-à-dire à en tenir compte. Pour l'homme ordinaire, l'anonyme de la rue, le corps de la femme est avant tout « objet » d'excitation sexuelle et « objet » de consommation, nécessaire pour assouvir ses désirs. En général, le plaisir de la femme n'entre pas en compte : l'homme fume sa cigarette une fois l'« acte » sexuel accompli. Cependant, avec la *promotion de l'orgasme* et la revendication féminine d'y accéder, les choses se compliquent. L'homme « moyen », le machiste « ordinaire » ne cherche pas trop à comprendre ce que ressent sa compagne et, quand celle-ci fait grise mine, il se dit que c'est une « emmerdeuse ». Ainsi, tout va bien.

Tout allait bien aussi quand les grands pays occidentaux avaient des colonies et que le « bon nègre », ruisselant de sueur, chantait « y'a bon Banania » en tapant avec une masse sur des pierres pour construire une route. On lui apportait la « civilisation ». On sait ce qu'il est advenu de cette mythologie à la fois arrogante et dérisoire.

Ce parallèle est un peu superficiel, parce que la femme n'est pas tout à fait la « colonisée » de l'homme. Cependant, on doit constater au passage que les guerres coloniales, c'est-à-dire à caractère raciste, sont riches en violences sexuelles de tout genre. Cette remarque incidente permet de montrer comment la sexualité masculine, dès que les barrières intrapsychiques s'effondrent, dans des situations de violences aiguës comme, par exemple, la guerre, retourne facilement à la « sauvagerie » bestiale. Tout homme n'est pas pour autant un violeur potentiel, mais sa tendance est bien d'instrumentaliser la relation sexuelle, et de faire de la femme un « objet », éventuellement remplaçable par une poupée gonflable…

La sexualité féminine est complexe, et son développement nécessite de passer par des étapes délicates, d'une part changer d'« objet », passer de la « mère » au « père », d'autre part promouvoir le vagin comme cavité érogène, en plus du clitoris, ce qui ne va pas de soi. Actuellement, la plupart des psychanalystes s'accordent à considérer que la petite fille a une perception confuse du vagin, alors que Freud privilégiait essentiellement le clitoris, sorte de « pénis » rabougri. Du fait de cette complexité anatomo-physiologique, la sexualité féminine est largement dominée par les aspects psycho-affectifs, et par toute une fantasmatique complexe où se trouvent mêlés le désir d'enfant, l'idéalisation du partenaire masculin et, parfois, des fantasmes de viol ou de violence (il ne faut pas confondre *fantasme* et réalité). Ainsi ai-je connu une patiente qui fantasmait de faire l'amour avec King-Kong. (Ce qui ne veut pas dire qu'elle allait au zoo pour choisir des partenaires !)

L'essentiel est de prendre en compte le corps de la femme dans sa totalité, ce qui renforce son identité sexuelle et traduit l'intérêt et la *tendresse* de son compagnon à son égard. Si l'homme « jouit avec son corps », la femme « jouit avec sa tête » : tel est le théorème énoncé dans sa plus grande simplicité. C'est l'« égoïsme » masculin qui frustre la femme de son droit au plaisir. La culture phallocentriste se reconduit de génération en génération, par le fait même de la valorisation du garçon par la mère. On parvient alors au paradoxe suivant : dans la situation sexuelle, comme Freud l'a exprimé dans ces termes mêmes, la femme est *à la fois* la maman et la putain. (Ce qui n'a rien à voir avec les fantasmes de prostitution de certaines femmes.)

Un autre problème, particulier, se pose dans l'évolution psychosexuelle de la femme. Nous avons vu que la « problématique œdipienne » concerne les rapports contradictoires de l'enfant avec ses parents, soit perceptibles par une observation fine de ses gestes ou de ses paroles, soit décelables à l'étude de l'inconscient. Or, il est tenu insuffisamment compte de la réaction consciente ou inconsciente des parents, ce que notre jargon appelle le « contre-Œdipe ». Ainsi, il arrive parfois que les parents, surtout le père, se trouvent en difficulté avec leur enfant. Ces problèmes revêtent un caractère plus spécifique encore avec la fille. La situation est difficile à décrire. Essayons de le faire le plus simplement possible. La situation de rivalité entre le fils et le père est souvent visible à l'œil nu ; elle revêt un caractère de jeu, ou des dehors plus conflictuels. Cette situation est réactionnelle aux sentiments « incestueux » du fils pour sa mère. Mais constatons que l'inceste mère-fils est tout à fait exceptionnel.

La même situation de rivalité, ou de « chamailleries », peut exister entre la fille et sa mère, pour des raisons du même ordre, relative à la relation « incestueuse » entre le père et la fille. Or, le passage à l'acte, c'est-à-dire l'inceste réel entre le père et la fille, est plus fréquent qu'on ne le croit. La plupart du temps, il est le fait de milieux « défavorisés », comme on dit pudiquement, où la promiscuité favorise les situations équivoques. L'alcoolisme les exacerbe. Mais dans les milieux plus « distingués », cela arrive aussi parfois, pour des raisons intéressantes à développer. Autant les rapports entre une mère et son fils sont relativement simples quand celui-ci grandit, autant les rapports entre un père et sa fille peuvent se compliquer. Dans les « bons » cas, qui sont les plus habituels, le père est heureux de se promener avec sa belle et jeune fille à ses côtés. Dans d'autres situations, plus troubles, un malaise s'installe entre le père et la fille, malaise dont le père ignore l'origine et dont la fille, peu à peu, se rend compte. Il finit par la contaminer.

Cette situation complique l'accès de la fille à la féminité, parce qu'elle culpabilise parfois consciemment, mais sans en connaître les raisons, à l'égard de sa mère, et, très souvent, ses rencontres sexuelles se font avec des hommes mariés. On pourrait penser qu'il s'agit là d'une sorte de passage à l'acte incestueux indirect. Ce qui est sûr, c'est que cette jeune femme cherche à échapper à la rencontre sexuelle à deux, pour reconstituer la situation à trois vécue dans sa famille. Avec pour conséquence, soit des difficultés à quitter sa famille, soit une liaison avec des hommes mariés, soit une peur panique de la relation sexuelle, notamment de la pénétration. Seule une thérapie peut permettre à cette difficulté de trouver une solution plus satisfaisante. Ainsi, la sexualité féminine pose des problèmes compliqués. Ces problèmes parfois indécelables parasitent la vie du couple. Souvent, c'est la tendresse mutuelle qui permet de lever les blocages.

L'homme et la femme sont bien différents l'un de l'autre. L'aptitude à accepter, à assumer cette différence dans tous les domaines, conditionne la bonne évolution du couple. Dans notre culture phallocentriste, l'homme « doit » veiller à préserver des habitudes héritées d'un passé ancien. De même, la femme qui souhaite préserver son mode d'être « féminin » peut être tentée par un discours « féministe » parfois agressif, qui apparaît injustifié à son compagnon. La compréhension mutuelle est difficile, et risque toujours le malentendu. C'est la *qualité* de l'amour qui décide de tout.

Mais, pourrait-on dire, on a l'amour qu'on mérite. Et *l'amour se cultive*, comme une fleur fragile. Négliger les petits gestes quotidiens qui témoignent que l'amour existe, c'est couper la branche sur laquelle le couple se trouve assis. Méfions-nous des « coups de scie » malheureux…

Chapitre IV

Passions : les folies de la folie

La passion est un état psychologique, affectif et physique particulier, qui mérite toute notre attention. C'est le seul état psychique aigu qui se traduise essentiellement par la plénitude et la joie, sans contrepartie douloureuse. Tous les états psychiques aigus, à un certain niveau d'acuité, sont accompagnés d'une perception douloureuse : l'état aigu est une crête très fine, un fil très ténu. L'équilibre y est instable. Il tend à basculer vers son contraire. Allons plus loin : dans la passion, même la douleur est *jouissance*. La passion est un *au-delà du plaisir*.

Les mécanismes psychologiques complexes qui déterminent cet état appelé « passion » (et d'autres avatars et équivalents de natures diverses et différentes) nécessitent un examen très approfondi. En effet, il nous faut répondre à la question suivante : quelle est la *fonction* de la « passion » dans l'économie psychique ? A quoi peut-elle servir et, surtout, quelle est sa *signification* par rapport à la condition existentielle de l'être humain, c'est-à-dire ce qu'on appelle la « condition humaine », avec ses caractéristiques tout à fait *spécifiques* par rapport aux autres espèces « animales » ? Un théorème, que nous pouvons énoncer de façon simple, nous servira à guider notre réflexion. La vie psychologique de l'être humain se construit à partir d'un état régi par le *principe de plaisir*, pour évoluer vers une construction apte à affronter le *principe de réalité*. L'équilibre entre ces deux « principes » restera toujours instable et précaire. Notre hypothèse est que la « passion » vise à annuler le principe de réalité, pour tendre vers un au-delà du principe de plaisir.

Il nous faut donc reprendre l'examen des caractéristiques de la « condition humaine » à partir des déterminations psychologiques particulières qui la définissent.

L'homme, nous le savons, est un *être-de-conflits*. Il est d'abord en conflit avec lui-même. Le conflit essentiel est *en* lui-même, dans sa constitution psychologique : c'est l'éternel conflit du « cœur » et de la « raison », des désirs et de la réalité. Il peut être en conflit avec son entourage, sa famille, ses amis, son lieu de travail. Les grands conflits de classes sont d'un autre ordre : ils concernent les groupes humains, selon leur place dans les rapports de production. Le conflit fondamental est constitutif de l'affectivité : l'affectivité est ainsi « fabriquée », si l'on peut dire, de telle sorte que c'est sa nécessité même qui la rend à la fois impérative et dangereuse, dans la mesure où elle peut venir à manquer, où le sujet peut avoir l'impression, à tort ou à raison, de ne pas recevoir la « ration » à laquelle il a droit. Les malentendus – les « mal-entendus » – naissent de ces petits décalages entre la demande et l'offre affectives. Dès lors, les mots n'ont plus tout à fait le même sens pour les interlocuteurs ; tout est pris « à mal », tout est compris « de travers », chacun parle une langue étrangère pour l'autre, avec le même vocabulaire cependant. Le « mal-entendu » est une sorte de « panne d'aiguillage » entre le cœur et l'oreille. Le langage, qui est le moyen de communication essentiel entre les êtres, produit alors, comme on le dit si bien, un « dialogue de sourds ». Pourquoi ?

Examinons tout cela de plus près. Tous ces « malentendus », qui brouillent le parcours entre le cœur et l'oreille (et réciproquement), sont, en quelque sorte, des « embouteillages » de conflits, des « trop-pleins » de conflits, qui produisent souffrance, douleur et parfois violence. Nous voici « revenus à la case départ » : comment abolir la souffrance ? Comment supprimer la douleur ? La souffrance, en effet, ravive et aiguise le malentendu ; ainsi s'auto-entretient un cercle vicieux dangereux qui peut conduire aux dernières extrémités. Ces « extrémités » sont dites « dernières » parce qu'après elles, il n'y a plus rien, sinon la mort, c'est-à-dire le silence muet et inerte de la matière.

Nous verrons à quel point le « comment » (abolir la souffrance) et le « pourquoi » (du surgissement des conflits) sont étroitement liés, imbriqués l'un dans l'autre, comme une machine infernale. Essayons de comprendre, de façon plus fine, comment l'être humain est constitué ; en effet, seul le processus de sa « fabrication » permet de dénouer et de comprendre l'imbrication du « comment » et du « pourquoi ».

La *tare originelle* de l'humain, c'est son origine animale. Parce qu'il marche debout sur deux jambes, et qu'il parle, certains ont pu croire qu'il avait rompu définitivement avec la nature. C'est une naïveté et une erreur. L'humain reste attaché à la nature par la nécessité de reproduction, c'est-à-dire la sexualité. Certes, la sexualité humaine n'est pas celle du chien. Nous l'avons vu. Celle-ci est remaniée par tous les processus d'organisation de la parenté, qui conduit à la formation de la famille. Mais nous avons vu aussi qu'il suffit de peu de choses, une guerre par exemple, ou un « coup de trop dans le nez », pour que la sexualité humaine (masculine) retourne à sa « sauvagerie » originelle. Cette dimension irréductible de « sauvagerie » de la sexualité humaine continue, tapie au fond de l'être, à travailler « en sourdine », et à attendre le moment propice. Elle travaille l'être de l'intérieur et le ronge comme une taupe maléfique. La preuve en est que les religions chrétiennes y voient le Diable et certaines mythologies le Mauvais ou le Malin Génie.

L'humain, pauvre diable, doit lutter contre le (vrai) diable qui est en lui, plus puissant et plus sournois que le serpent de la Bible. Là est le *vrai* conflit. Des « forces obscures » travaillent l'humain : la psychanalyse, pour bien marquer leur caractère de poussées constantes, de tension vers l'effraction, vers la sortie (quelle sortie ? Celle du *plaisir*), leur donne le nom de pulsions. Et l'humain se construit, non sans effort, non sans souffrance, et se constitue un système de défenses et de régulation pour s'épargner la tentation de sauter sur une femme dans la rue ou d'étrangler sa concierge, selon son inspiration. Tous les faits divers ne sont rien d'autre que ces effractions brutales, dont la violence inouïe est porteuse de mort.

La perception interne de cette poussée pulsionnelle vers l'effraction et sa retenue par des barrières intrapsychiques, cet équilibre instable et fragile se traduit par l'*angoisse*. Quelles qu'en soient les formes, elle est la dimension incontournable de l'existence humaine. Parfois, sa violence est tellement insupportable qu'elle submerge tous les rouages de la « raison ». La « *folie* » gère alors cette angoisse, en quelque sorte, de façon moins onéreuse. D'autres fois, l'angoisse se cristallise dans des *symptômes* dont l'arrangement, différent selon les « cas de figure », constitue ce que nous appelons les *« névroses »*. D'autres fois encore, cette angoisse reste à l'état « libre », et le sujet la supporte comme il peut. L'angoisse est bien ce qui spécifie l'humain dans sa lutte intérieure contre lui-même.

C'est le prix à payer de la socialisation. Les auteurs de passages à l'acte (les « faits divers ») ou les tueurs sous « contrat » ont résolu, à leur manière, cette gestion – impossible – de l'angoisse, en renonçant à toute affectivité, sous l'empire de leurs pulsions agressives incontrôlables.

La socialisation, c'est-à-dire le « devenir-humain », parcours dont le cas des enfants psychotiques ou autistes (incapables de toute communication) témoigne de la difficulté et de ses « ratés », se fait bien sous le signe de l'angoisse, implacable, irréductible, qui « plante son drapeau noir » (Baudelaire). Cette angoisse « despotique » (encore Baudelaire), nous en connaissons les médecines courantes : tranquillisants, relaxation, yoga, activités sportives, repos, etc. A chacun son « truc » pour trouver la détente. Quand elle s'organise en « symptômes », il faut entreprendre un travail psychologique sur soi-même, un voyage long et difficile vers l'auto-connaissance, par la « psychothérapie » ou la psychanalyse, qui tente de dénouer les réseaux serrés du tissage conflictuel.

Parfois aussi, le sujet s'investit dans un travail, dont l'intérêt et la nécessité épongent plus ou moins l'angoisse. « Je suis passionné par ce travail », dit-il. Le travail comme « passion », ou la création artistique, voilà déjà une approche pour la connaissance de cette manifestation dont l'intensité particulière vise à faire taire les cris qui viennent des profondeurs génératrices de l'angoisse.

La vie à deux, nous l'avons vu, procède aussi de cette fonction « thérapeutique » du couple. Le couple connaît aussi ces moments intenses, fusionnels, mais il connaît également les lendemains amers, où les regards se fuient, sous peine de lancer des éclairs aux conséquences imprévisibles.

La passion, la vraie (celle des chansonnettes dont la naïveté et la niaiserie disent, avec des mots simples et faciles, en quelque sorte malgré eux ou à cause d'eux, la vérité profonde), on ne la trouve que dans et par l'amour. L'amour passion, la passion amoureuse : voilà des situations dont l'évidence ne fait pas question : encore une (fausse) évidence qu'il faut transformer en *« problème »*.

La passion amoureuse vise à abolir toutes les contradictions constitutives de l'amour, tous les conflits inhérents à la rencontre de l'homme et de la femme. (Nous prenons pour « modèle » l'hétérosexualité, étant entendu que la relation homosexuelle connaît exactement les mêmes turbulences.) La passion amoureuse est avant tout « physique », sexuelle, elle est sous la domination du désir qui pousse jusqu'au bout ses implications psychologiques : l'idéalisation des partenaires, la recherche de la fusion permanente, la symbiose absolue qui annule les différences et l'altérité. Deux ne font plus qu'un. Il se construit ainsi une sorte de rêve éveillé, où l'admiration mutuelle issue de la logique interne du désir pousse aussi loin que possible *l'illusion* de vivre une situation exceptionnelle.

Il existe donc des déterminations psychologiques *différentes* entre l'amour, même le plus « fort », et la passion. En quelque sorte la passion, par son acuité, est toujours de même nature. En revanche, l'amour, à plus forte raison quand il est durable, contient de plus en plus d'éléments de réalité, qui lui donnent une configuration infiniment variable. Il n'y a qu'une seule passion, il y a mille et un amours. La passion est une, l'amour est constamment divers. L'amour implique, dans sa constitution même, la reconnaissance de l'altérité de l'autre. La passion, au contraire, abolit cette altérité. Dans l'amour, la part d'illusion, d'idéalisation, est variable selon les circonstances et les individus. La passion vit, *essentiellement*, de l'illusion et de l'idéalisation. Comment concevoir et comprendre une force imputable à l'illusion, telle qu'elle mette le sujet dans cette croyance de vivre dans un univers intemporel et détaché des lois de l'espace ?

Qu'on me permette de prendre deux exemples dont les déterminations psychologiques rappellent celles de la passion amoureuse.

Nous connaissons tous l'histoire de Bernadette Soubirous qui, au siècle dernier, eut la « vision » de la Vierge dans la fameuse grotte de Lourdes. Peu importent – pour notre propos – les interprétations qu'en donne la théologie chrétienne. Ce qui est évident, c'est que Bernadette a eu *réellement* cette « vision ». Comment ? C'est son désir, profond, intense, aigu, de voir la Vierge, qui a créé dans son cerveau ces transformations psychophysiologiques particulières grâce auxquelles elle a pu projeter, comme sur un écran, l'image de la Vierge qu'elle portait en elle. De même, les assoiffés dans le désert, sous l'effet de la baisse de vigilance provoquée par l'état de fatigue, et surtout les transformations métaboliques dues à la soif, ont l'illusion de voir une oasis : ils projettent hors de leur cerveau l'image qu'ils ont en eux. C'est ce qu'on appelle un *mirage*.

Autre exemple. Le mari d'une de mes amies a été déporté et est mort dans un camp de concentration. A la Libération, certains de ces malheureux, victimes de la folie criminelle des Nazis, sont revenus. Cette amie attendait, intensément, constamment, dans une espérance folle et douloureuse, le retour de son mari. Il n'est pas revenu. Mais longtemps, le soir, au moment de son endormissement, son mari lui revenait. Il était là, allongé à côté d'elle, pour apaiser sa douleur. Le désir, par son intensité, avait fait son office.

Je connais également des amis médecins qui, lorsqu'ils étaient internes des hôpitaux, de garde la nuit, restaient éveillés et s'amusaient au jeu suivant : il consistait à se concentrer très fortement sur une idée, une image, un désir, pour chercher ensuite à la projeter sur un mur. L'expérience réussissait quasiment à tous les coups.

Nous sommes loin de la passion, dirons-nous. Oui et non. L'illusion, ce que dans notre jargon nous appelons une « hallucinose », n'est pas une hallucination. Les hallucinations, celles des malades « mentaux », sont la plupart du temps auditives ; les hallucinoses, elles, sont toujours visuelles. Ensuite, le malade psychotique accorde un crédit absolu à ses hallucinations, aux « voix » qu'il entend, ce qui peut le conduire à des gestes inconsidérés ou dangereux. Le cœfficient de crédibilité de l'hallucinose est variable. Ainsi, Bernadette, jeune fille naïve, un peu simplette, de tempérament hystérique, c'est-à-dire très sensible et émotive, prise dans sa *foi* religieuse, a accordé un crédit absolu à sa vision. L'amie dont le mari a été déporté, au contraire, restait dans un doute prudent, un peu étonnée et déconcertée par ce qui lui arrivait.

Pourquoi ce détour par la psychopathologie ? Parce que la passion amoureuse possède ce cœfficient d'irréalité qui l'apparente à la « folie ». D'ailleurs, le discours amoureux est rempli de ces expressions où le mot « folie » marque souvent le caractère exceptionnel que l'amoureux prête à son sentiment. « Je l'aime à la folie ! » « Je ferais des folies pour toi ! » « Nous sommes fous d'amour l'un pour l'autre ! » « Nous faisons une folie ! » « C'est fou de faire ce que nous faisons ! » etc. « Amour » peut, éventuellement, rimer avec « toujours ». « Passion » rime, psychologiquement, avec « folie ». La passion est de fait une *folie à deux*, parce que c'est bien une « folie », à la fois psychologique et arithmétique, de vouloir qu'un plus un ne fassent plus qu'un !

(Une remarque. Dire que la passion s'apparente à la « folie » n'est pas porter un jugement. C'est essayer de comprendre les déterminations psychologiques de l'une comme de l'autre en procédant à partir d'analogies. C'est une démarche courante et légitime. Le mot « folie » n'est pas pris dans son acception étroite, caractérisant une des modalités de la maladie « mentale », la psychose. Il est pris au sens métaphorique, pour exprimer la démesure et la dimension d'irréalité de la passion amoureuse.)

Le passionné ne veut rien savoir. Tel est le postulat qui fonde les déterminations psychologiques de la passion. En ce sens, on n'est pas loin de la « folie » : le « fou », lui non plus, ne veut rien savoir. On ne peut pas le « raisonner ». Le passionné non plus. Le dénominateur commun est, en quelque sorte, la « déraison ». La « folie » est une faillite de la « raison » ; la passion une défaillance du « raisonnable ». Malheureusement, le « fou » souffre de sa « déraison » ; il est bien dommage qu'on ne puisse le « raisonner ». Par contre, le passionné est heureux dans son rêve éveillé, il n'a aucune « raison », c'est le cas de le dire, de vouloir en sortir.

« Illusion », « mirage », « rêve », autant de mots qui cherchent à cerner les caractéristiques psychologiques de la passion. Malheureusement, les mots sont trompeurs, ils nous trahissent : ces mots-là donnent de la passion une vision péjorative et peu alléchante. Ils la constituent comme une « déréalité », c'est-à-dire un au-delà (ou un en deçà) du réel. Alors que la passion est un vécu intense et prodigieusement mobilisateur, les mots risquent de la faire apparaître comme une « moindre » réalité, une fausse réalité, en quelque sorte une réalité au rabais. On pourrait, au contraire, affirmer qu'elle est une « sur-réalité », comme d'ailleurs les Surréalistes l'entendaient, dont la plupart des œuvres sont des éloges de la passion. Celle-ci serait donc une expérience psychologique, une « expérience intérieure » (Georges Bataille) haussant les individus aux plus hauts sommets de leur *subjectivité.* C'est l'enrichissement de leur « monde intérieur » que les sujets recherchent, et trouvent, dans la passion. Ainsi, la notion de « rêve éveillé », comme expérience subjective exceptionnelle, peut définir la passion dans sa « réalité », dont l'étoffe est essentiellement la subjectivité, c'est-à-dire l'intensité du vécu intérieur, la recherche de la plus grande intensité des états de vécus intérieurs.

On sait que certains poètes, Henri Michaux, Charles Baudelaire avant lui, ont cherché, par les drogues, les produits hallucinogènes pour l'un, l'opium pour l'autre, à reproduire ces « paradis artificiels ». La passion est bien la reconstitution du « Paradis », ou plutôt les retrouvailles avec un certain « Paradis ». (Un psychiatre français du XIXe siècle, Moreau de Tours, a essayé de reproduire les états de « folies hallucinatoires » par le moyen de drogues hallucinogènes, comme on le fait d'ailleurs aujourd'hui avec des drogues beaucoup plus performantes. Il a pu comparer les états de psychose hallucinatoire aux rêves nocturnes. Toutes ces approximations ne sont pas sans intérêt. On sait que, pour Freud, le rêve nocturne réalise « l'accomplissement d'un désir », c'est-à-dire d'un *désir de l'enfance*. Le rêve est déclenché par un élément inducteur, un élément anodin de la journée passée, pas toujours repérable, qui mobilise des pulsions profondes. Le *travail du rêve* consiste à mettre en images et en scénario certains désirs de l'enfance, réactivés par les désirs adultes : le rêve « pense » en images, c'est-à-dire qu'il *régresse* à une forme archaïque de la pensée. Nous le savons, pour la psychanalyse, l'enfant, ou plutôt *l'infantile*, c'est-à-dire les processus par lesquels l'enfance a travaillé la personnalité, est une donnée essentielle de l'existence humaine. Cet « infantile » reste constamment actif. Il est, comme le dit Freud, le « capitaliste » du rêve, c'est-à-dire le « promoteur » [au sens contemporain du terme] et, à certains égards, le maître de notre vie et de notre destinée.)

Quelle est la nature de cette « réalité » qui constitue

l'étoffe de la passion ? Nous l'avons dit : c'est la subjectivité, la vie « intérieure », mais transformée par les *exigences despotiques du désir*. En ce sens, l'analogie avec le rêve est intéressante, et la notion de « rêve éveillé » en est une approximation crédible.

Or, toute une partie, importante, de la vie psychologique de l'être humain est *subjective*. Chaque sujet humain, selon son histoire, sa sensibilité, ses expériences, vit la « réalité » à sa manière. La « réalité » extérieure est différente pour chaque individu. Schématiquement, on peut dire que ce qui est « chaleur » pour l'un est « douceur » pour l'autre. On sait bien que ce qui mobilise le désir de l'un laisse un autre inerte, et l'amour, faut-il le rappeler, est aussi divers et infiniment différent qu'il y a d'individus. La psychanalyse propose quelques hypothèses intéressantes pour comprendre cette diversité inouïe.

L'analogie avec le rêve, la prise en compte de l'« infantile » et de la force indestructible des « désirs infantiles », permet une approche plus fine de la passion. Avec ses poussées d'exaltation insensée, elle ressemble parfois à un état psychotique, appelé « état maniaque », marqué par l'exubérance et le sentiment de puissance et de grandeur. Cette analogie permet l'analyse suivante : la joie extravagante de l'état « maniaque », qui s'oppose point par point à la douleur insupportable et à la culpabilité aiguë de l'état mélancolique (l'un et l'autre alternent dans la « psychose maniaco-dépressive »), cette jubilation toute particulière correspond à une sorte de *réconciliation intérieure* du sujet avec lui-même. Son « Moi », c'est-à-dire la structure centrale de la personnalité, entre en correspondance directe avec l'« Idéal du Moi », c'est-à-dire la structure porteuse des idéaux et des projets positifs de l'individu. En d'autres termes, le sujet est tellement *content de lui-même* qu'il en éprouve un bonheur intense, qui se traduit parfois par des excès d'euphorie qui ressemblent à ceux de l'ivresse alcoolique. (Retenons, en passant, le mot *ivresse*, « lieu commun » du discours amoureux.) Au contraire, dans l'état mélancolique, le « Moi » du sujet subit les accusations et les reproches du « Sur-Moi », l'instance intérieure qui joue le rôle de tribunal moral, à tel point que, sous la charge de cette culpabilité, le malade n'a pas d'autre ressource que de mettre fin à ses jours.

La pathologie a pour « intérêt » de grossir, parfois démesurément, le fonctionnement psychologique « normal ». L'être humain est ainsi pris en permanence dans un autodéchirement qui, dans certaines situations pathologiques, rend la vie infernale. On pourrait dire que tout est bon pour apaiser ce déchirement intérieur. Ce n'est pas le lieu, ni mon propos, de décrire les processus psychologiques qui conduisent à l'usage de la drogue ou de l'alcool, et leurs effets pernicieux.

Beaucoup plus intéressant est de montrer comment le psychisme lui-même possède des ressources grâce auxquelles s'opèrent, en quelque sorte *spontanément*, mais provisoirement, hélas, des régulations internes qui émoussent l'acuité des conflits. Toutes les modalités de la relation affective fonctionnent à cet effet. Elles produisent de nouveaux conflits, mais ces conflits sont structurants et positifs, quand on sait en « tirer la leçon ». Plus que l'amour réciproque des parents et des enfants, plus que l'amitié et la camaraderie ou la solidarité dans un engagement commun, l'amour sexuel, où la tendresse et l'estime ajoutent des éléments qui assurent une certaine continuité, donc la durée, constitue la modalité relationnelle la plus efficace, bien qu'elle puisse, plus que toutes les autres, générer des conflits, parfois destructeurs.

Dans la passion amoureuse unilatérale – par exemple l'amour d'un homme pour une femme « narcissique » qui, par sa beauté, vit dans une autosuffisante estime de soi –, l'amoureux opère un « dessaisissement de la personnalité propre au profit de l'investissement d'objet » (Freud). Cela signifie que le sujet ne s'appartient plus, qu'il appartient, en totalité, à son « objet » d'amour. L'exemple d'une telle femme vient étayer notre propos. Freud écrit : « De telles femmes n'aiment, à strictement parler, qu'elles-mêmes, à peu près aussi intensément que l'homme les aime. Leur besoin ne les fait pas tendre à aimer, mais à être aimées, et leur plaît l'homme qui remplit cette condition. » La passion amoureuse est ainsi corrélative de la « surestimation sexuelle de l'objet », avec un appauvrissement correspondant de l'estime de soi au bénéfice de l'« objet » d'amour.

Or, dans la passion amoureuse partagée, celle qui nous intéresse parce qu'elle pousse au plus haut point toutes les démesures et toutes les déréalisations de la passion, la « surestimation sexuelle » est, pour ainsi dire, réciproque, et l'émerveillement mutuel inépuisable. La suffisance narcissique s'entretient entre les deux amants, qui sont, l'un pour l'autre, les plus beaux du monde.

Quelle est cette situation exceptionnelle où l'on se trouve être le plus beau du monde pour des admirateurs inconditionnels, sinon l'enfance ? Freud l'appelle « *His Majesty the Baby* » – Sa Majesté l'Enfant. Il constitue le centre, le point d'ancrage de l'intérêt des parents. Ce « narcissisme primaire » de l'enfant, qui lui donne le sentiment d'être l'unique source d'intérêt de ses parents – ce qui est d'ailleurs vrai, du fait des nécessités biologiques et de leurs conséquences affectives –, suscite chez lui, paradoxalement, un sentiment d'autosuffisance. « Le charme de l'enfant, dit Freud, repose en bonne partie sur son narcissisme, le fait qu'il se suffit à lui-même, son inaccessibilité. » Il ajoute, non sans intérêt : «... de même, le charme de certains animaux qui semblent ne pas se soucier de nous, comme les chats et les grands animaux de proie. » Plus loin, pour bien souligner l'investissement affectif et narcissique particulier de l'enfant pour ses parents, Freud poursuit : « Il accomplira les rêves de désir que les parents n'ont pas mis à exécution, il sera un grand homme, un héros à la place du père ; elle épousera un prince, dédommagement tardif pour la mère. » Freud conclut en ces termes cette problématique du narcissisme, de l'amour de soi, tellement importante pour notre propos : « L'amour des parents, si touchant et, au fond, si enfantin, n'est rien d'autre que leur narcissisme qui vient de renaître et qui, malgré sa métamorphose en amour d'objet, manifeste, à ne pas s'y tromper, son ancienne nature. » En quelque sorte, nous dit Freud, si les parents aiment leurs enfants et consentent tous les sacrifices et les servitudes que nécessite leur éducation, c'est que, à travers eux, ils retrouvent l'enfant qu'ils ont été et qui, de ce fait, jouissait de cette omnipotence absolue, de ce pouvoir de fascination liés tout simplement à son existence.

Dans la passion amoureuse renaît, multipliée par les satisfactions de plaisir liées à la relation sexuelle, cette *omnipotence infantile*, à cette différence près que les deux amants sont leurs propres admirateurs inconditionnels. La passion amoureuse s'articule en une arithmétique curieuse : un plus un ne font pas deux, mais un. Dans l'amour de couple, de longue durée, un plus un ne font pas deux, mais trois, parce que le couple devient une sorte d'entité autonome. Et ce couple, pour survivre, a besoin des soins attentifs et vigilants des deux partenaires. Ce qui n'est pas le cas dans la passion amoureuse, parce que le « tout, tout de suite » dicte sa loi. Cette logique est directement liée à la nature du « choix d'objet », qui favorise la dimension passionnelle de la relation amoureuse. Chacun des deux partenaires est constitué de telle sorte qu'il ne cherche pas son objet d'amour ultérieur sur le modèle de la mère (ou du père), mais sur celui *de sa propre personne*. A propos de ces sujets, Freud affirme : « De toute évidence, ils se cherchent eux-mêmes comme objet d'amour. » Il qualifie ce type de choix d'objet de « narcissique ». Se constitue ainsi une *relation spéculaire*, en miroir, où chacun se retrouve lui-même en l'autre. En fait, une telle relation serait invivable, tant la sensation d'étouffement mutuel serait forte. Ce qui la rend possible, c'est une disposition d'esprit, une disponibilité du cœur, variable selon les étapes de la vie, ou bien un concours de circonstances qui nécessite, chez l'un ou l'autre des futurs « passionnés », un temps de régression. Alors, par ce fait même, un signal érotique allume un intérêt violent. La conjonction du signal érotique et de l'intérêt violent qu'il suscite crée une situation dans laquelle les deux sujets éprouveront la nécessité d'une relation en miroir. La relation spéculaire garantit la relation fusionnelle négatrice de l'altérité. Alors que dans l'amour « ordinaire » la relation fusionnelle est ponctuelle, relative à des nécessités personnelles de l'un des partenaires, c'est la garantie de l'altérité qui prévaut, avec cette *tension permanente* entre le risque d'aliénation, c'est-à-dire la peur de la perte de l'identité, et le retournement vers soi, en soi, avec, pour autre écueil, le sentiment d'abandon ou de solitude. Dans la passion amoureuse, au contraire, c'est la perte d'identité qui est recherchée, pour former cette symbiose qui rejoint à la fois la symbiose mère-enfant et le sentiment d'être immergé dans la nature. (Dans la relaxation, ou le yoga, certains « exercices » donnent ce sentiment, parfois euphorisant, d'autres fois anxiogène, d'une perte des contours du corps, accompagnée de la sensation curieuse d'une petite lumière intérieure qui persiste, reliquat de la conscience éveillée.) Dans la passion, ce qui est recherché, avant tout, c'est l'abandon de toute vigilance, la perte de conscience, favorisés par les états psychiques liés au plaisir sexuel. La « petite mort » de l'orgasme chez l'homme, le sentiment de plénitude intense chez la femme, dont le plaisir s'apparente à une sorte d'anéantissement, l'orgasme réalisant une vibration aiguë de l'ensemble du corps, cette conjonction des plaisirs constitue la fusion dans un grand Tout, qui préfigure l'Unité retrouvée.

L'état amoureux, dénominateur commun de l'amour et de la passion, comporte nécessairement ce mouvement d'idéalisation qui projette sur les partenaires toutes les qualités dont on le souhaite doté. C'est la loi du désir. Cependant, la cohabitation fait gagner en lucidité ce que l'on perd en illusion, et donne ainsi à l'amour des fondements de plus en plus réels (dans les meilleurs cas). La passion, au contraire, se soutient et s'entretient d'un aveuglement dont on ne saurait dire s'il est volontaire ou involontaire. Le maintien de l'idéalisation à son plus haut degré fait apparaître l'élément de croyance qui est constitutif des effets du désir, et dont le développement fait obstacle à tout esprit critique. Cet élément de *croyance*, que révèle le désir, est en réalité inscrit dans la constitution de l'esprit humain. Il est lié à la nécessité pour l'enfant humain d'être dépendant de ceux qui l'élèvent (les parents) ; la disproportion entre l'impuissance originelle du tout petit enfant et la force qui est imputée à sa mère et à son père dote ces derniers d'une puissance divine. De même que les hommes primitifs, soumis aux violences de la nature, faisaient appel à des génies protecteurs, de même le tout petit enfant en détresse, incapable de subvenir à la moindre de ses nécessités vitales, donne à ceux qui lui viennent en aide un pouvoir infini. D'où la croyance en l'existence nécessaire d'une « toute-puissance » qui pallie tous les maux et toutes les difficultés.

Ainsi, alors que la vie du couple se consolide d'un déficit progressif de la croyance, la passion amoureuse, elle, vit au contraire dans et par la croyance, mutuelle, dans les vertus exceptionnelles des deux amants. La croyance et l'illusion sont, si l'on peut dire, les deux faces d'une même médaille. Freud range la religion dans la catégorie des illusions nécessaires. Ce qui ne peut pas satisfaire un homme de *foi*. Cependant, la foi n'est pas tout à fait la croyance. La foi implique un sujet tout-puissant, un Dieu, le plus souvent abstrait dans les religions monothéistes. De telle sorte que Dieu, en somme, n'existe que pour ceux qui y croient. Mais il existe une institution, l'Église, qui fonctionne selon un certain système hiérarchique, et un discours, l'idéologie religieuse, qui prend son origine dans les deux Testaments, l'Ancien et le Nouveau. Cette histoire mythique s'écrit dans un livre privilégié, la Bible. La foi est ainsi la *croyance institutionnalisée* dans un système idéologique. Quel est le rapport avec la passion ? Le mot « passion » n'a sans doute pas été choisi au hasard ; il fait référence à la notion d'*amour* (du prochain) qui est au cœur de l'idéologie chrétienne. Dans la circonstance, la « passion » du Christ désigne les souffrances qu'il a endurées pour racheter les péchés des humains, et pour leur rappeler leur devoir d'amour les uns pour les autres, corrélatif de l'amour que Dieu leur porte. Curieusement, « l'illusion », pour être plus crédible, se doit de raconter une histoire : les Évangiles, transmis par les Apôtres, reconstituent, chacun à leur manière, les grandes étapes de cette histoire mythique.

Le rapport avec la passion amoureuse est le suivant : les amants, pour entretenir leur croyance mutuelle dans le caractère exceptionnel de leurs qualités, physiques et psychologiques, se racontent des « histoires », entre eux et à eux-mêmes. Ils se construisent un mythe à deux qui relate les hauts faits de leur vie amoureuse, et assimile à des exploits les menus faits quotidiens qui ponctuent leurs rencontres.

De même, un couple et une famille se constituent, peu à peu, une *mythologie privée*, à partir de la transmutation en *folklore* des diverses péripéties de leur vie, qu'ils considèrent, à tort ou à raison, comme leur étant tout à fait personnelle. Un mot d'enfant, un incident insolite lors d'une cérémonie familiale (mariage, première communion, etc.), un événement scolaire ou professionnel important, construisent un *imaginaire familial* qui, parfois, se transmet de génération en génération.

Dans la passion amoureuse, on est en plein conte de fées. Le discours amoureux, contrairement à celui du couple (qui implique dans son mouvement les considérations sur l'intendance au quotidien), est essentiellement centré sur les deux protagonistes. La connivence sexuelle, tellement importante dans toute vie amoureuse, prend ici le devant de la scène. C'est un discours hédoniste et sensuel où tout est permis. Les mots réputés « grivois » ou « obscènes » font partie de son vocabulaire. (Comme dans tout discours amoureux; mais celui de la passion se situe exclusivement dans le registre du plaisir.) Le discours quotidien du couple contient, nécessairement, une part d'agressivité, le plus souvent indirecte, qui se traduit par des moqueries plus ou moins affectueuses: c'est une nécessité, pour « purger » le couple des déceptions et des contraintes de l'amour au quotidien. Dans la passion, cette nécessité est exclue. Tout est positif: telle est la force de l'« illusion ». Dans la passion, on jette les armes. Les couteaux sont aux vestiaires... avec les vêtements. La passion est l'amour en vase clos. Ce qui est recherché, c'est l'intensité des sensations et des affects. Le couple peut s'offrir quelques moments de « passion »: c'est en quelque sorte un cadeau que s'offrent mutuellement les partenaires. Mais le long cours, la longue durée nécessitent une économie des forces et une stratégie affective qui tiennent compte des contraintes du quotidien. La passion est dénégation forcenée du temps et de l'espace. On peut rester enfermé plusieurs jours dans une chambre à faire l'amour: on dira que c'est également possible pour le couple « conjugal ». Mais les occasions, par la force des choses, sont plus rares. L'annulation du temps et de l'espace introduit dans la passion un supplément d'irréalité.

La passion ne serait-elle alors qu'un leurre? C'est une question difficile à élucider. La vie psychologique est faite d'« illusions », de « croyances », d'irrationalité, cœxistant ou s'infiltrant dans la pensée rationnelle, et d'une appréhension objective du réel. L'irrationalité est surtout liée à la vie affective et sentimentale, dont les racines pulsionnelles, c'est-à-dire l'enracinement dans les expériences corporelles et les diverses sensations physiques de la toute petite enfance, provoquent ce caractère imprévisible et parfois déconcertant pour le sujet lui-même. « Je ne sais pas ce qui m'arrive », « C'est plus fort que moi »: autant d'expressions qui marquent la dimension irrésistible, incontrôlable, de certaines réactions affectives: la colère, la joie, l'attraction amoureuse, qui surviennent parfois sans prévenir et nous tombent sur la tête comme un éclair d'orage, un « coup de foudre ». Cette dernière formule cherche à définir l'attraction amoureuse quasi instantanée qui s'empare d'un sujet, dès lors qu'une exigence profonde et ancienne de son corps, on peut dire « archaïque », se trouve brusquement sollicitée, à son insu, par un signal érotique émanant d'une personne.

L'amitié possède aussi cette dimension irrationnelle, quoique plus tempérée. De plus, on peut après coup, à l'expérience, se donner des justifications crédibles. Mais c'est toujours le même processus qui est en jeu: le « plaisir d'être avec ».

Toute mobilisation de plaisir que, dans notre jargon, nous appelons « libidinale », se fait très souvent au premier « coup d'œil ». Il en est de même pour ce qu'on appelle la « sympathie », qui fait naître l'amitié, où le plaisir est, en quelque sorte, désexualisé. La pratique médicale, surtout la pratique psychiatrique et, dans un autre domaine, la pratique psychanalytique, sont des expériences vivantes de cet effet de « cristallisation » de la première rencontre, du premier « coup d'œil ». Il arrive, quand j'ouvre la porte du salon pour accueillir un patient qui consulte pour la première fois, que je devine, d'emblée, à la « tête qu'il fait », ce que deviendra cette rencontre. Si le patient m'a « à la bonne », tout ira bien. Sinon, les choses se compliquent, et le patient peut abandonner le traitement, c'est-à-dire le thérapeute.

En psychanalyse, c'est encore plus manifeste, mais le psychanalyste est censé « maîtriser » la situation, ce qui est moins évident. Le transfert, surtout avec les patientes féminines, se joue, pour ainsi dire, dès le premier « coup d'œil ». Parfois, la situation devient complexe. Le psychanalyste est censé être relativement neutre, éviter toute manœuvre de séduction. Mais s'il trouve la patiente jolie, belle ou séduisante, n'y a-t-il pas dans son regard, malgré lui, un éclair qui parle plus que tout discours explicite? On peut contrôler la mimique, le sourire; mais le regard, lui, est incontrôlable. Il ne peut être – relativement – neutre que si le psychanalyste a fait un important travail sur lui-même pour arriver à renoncer à toute gratification, si minime soit-elle, comme le plaisir de recevoir une jolie patiente. (Quelle vie!..)

L'intérêt de ces exemples est de montrer que le patient arrive avec sa *demande*: demande de soins, demande d'aide morale ou psychologique; il est ainsi très attentif à la personne de son thérapeute. L'acuité de sa demande aiguise en lui une sorte de « perspicacité », issue de l'état régressif provoqué par la situation de demande (quelle qu'elle soit d'ailleurs). Cette « perspicacité » (qui est en réalité une fausse clairvoyance) fait naître en lui des émois, des sensations, des affects dont il a à peine conscience, en relation avec des désirs très lointains, qui se projettent, de façons diverses, sur la personne du praticien. Ce qu'on appelle la « confiance » est issu du courant *tendre* de l'amour, corrélatif de la demande de sécurité et de réassurance que suscite tout état de mal-être physique ou psychique.

La rencontre amoureuse, elle, est mobilisée par tous les signaux érotiques, que la beauté d'une femme ou la séduction d'un homme sont censées projeter au dehors, en direction d'un partenaire virtuel, qui sera *réceptif* à ces signaux. Les conditions de cette réceptivité sont difficiles à élucider et donnent à la rencontre son caractère irrationnel, non explicable, même si, après coup, on peut se donner des « raisons », plus ou moins discutables, puisque, on le sait, le cœur – c'est-à-dire le corps et son histoire – a ses raisons que la raison ne connaît pas.

L'amour au long cours, qu'on peut appeler « conjugal », avec ou sans l'institution du mariage, du fait même de la cohabitation quotidienne, connaît des moments de vérité qui diminuent le cœfficient d'irrationnel. La passion, elle, ne veut *rien savoir*. Il faut le redire, pour bien comprendre comment l'« illusion », constitutive de la vie psychologique humaine, fonctionne ici à plein rendement pour le bonheur des amoureux. Ce léger décalage par rapport à la réalité, nécessaire pour induire une euphorie inépuisable, ressemble à celui que provoque l'ivresse alcoolique. Certes, on peut avoir le « vin triste ». Mais ceux qui boivent, soit occasionnellement, soit parce qu'ils sont engagés dans la toxicomanie alcoolique, le font pour rechercher la quiétude, la sérénité, pour voir la « vie en rose ». La passion, c'est la vie en rouge vif, par l'aiguisement des sens et des affects.

Alors, la passion est-elle un leurre? Oui et non. Par analogie avec le transfert, dimension fondamentale de la relation psychanalytique, on peut essayer de répondre à cette question. Par cette autre question : le transfert est-il un leurre, et qu'en est-il de l'« amour de transfert » ? Dans le transfert, il y a *déplacement* sur la personne de l'analyste des émois et désirs archaïques vécus dans l'enfance. L'interprétation permet alors de montrer au patient qu'*il se trompe de temps et d'objet*. Dans la situation d'« amour de transfert », le cas de figure est différent, mais la structure est la même : le patient – le plus souvent une femme – se trompe de temps et d'objet. Or, l'amour, le vrai, celui de tous les jours, est aussi la réactivation d'émois et de désirs infantiles projetés sur la personne élue. Comment sortir de cet imbroglio ? D'abord, disons que la situation psychanalytique est une *situation artificielle*, constituée essentiellement pour produire ces effets de transfert. En ce sens, par rapport à l'amour « réel », le transfert est un leurre, comme le chiffon rouge que le toréador agite au museau du taureau pour exciter sa convoitise. (C'est l'image utilisée par Jacques Lacan.) Le psychanalyste, quidam anonyme d'une soirée mondaine, ne susciterait probablement pas chez cette femme (devenue sa patiente) les mêmes émois. L'amour « réel », dans une situation artificielle organisée pour le provoquer, est un amour « de circonstance ». Les sentiments sont « vrais », c'est le contexte qui est « faux ».

De plus, c'est le *mouvement de régression* provoqué par la situation analytique qui favorise ce genre de mouvement affectif. En quelque sorte, tout est « fait pour ». Le patient, la patiente sont en liberté surveillée. Dans la vie ordinaire, l'homme, la femme sont – relativement – libres de leurs rencontres. C'est le cœfficient de « réalité » extérieure qui conditionne la dimension de « réalité » des sentiments amoureux – encore qu'il arrive qu'on puisse se « tromper » lors d'un investissement amoureux.

La passion fonctionne *par* et *dans* la régression. Ce qui est ponctuellement le cas pour l'amour au long cours. Mais celui-ci est cerné par les nombreuses contraintes de la réalité quotidienne, encore plus vraie que nature. La régression est ainsi constitutive de la passion, qui se doit d'entretenir le principe de plaisir, et même d'aller au-delà. La passion amoureuse est avant tout passion sexuelle : le désir mène le jeu, et les partenaires de cette situation particulière fonctionnent selon une sorte d'autosuggestion réciproque qui les entretient dans ce rêve éveillé. L'« amour fou » des surréalistes (*Nadja* d'André Breton) exprime nettement ce qui est recherché : la plus grande intensité des expériences intérieures, le règne des forces de l'inconscient, comme ils l'ont pratiqué au moyen de l'« écriture automatique » (écrire sous l'effet d'un « état second » tout ce qui passe par la tête ; remarquons l'analogie avec la règle des « libres associations » du patient en analyse.) La richesse des expériences intérieures ne peut être obtenue que par une baisse de vigilance, une sorte d'état intermédiaire entre la veille et le sommeil, tel celui de certaines phases de la relaxation, l'état d'« extase » de certains yogis, la perte de conscience parfois atteinte lors de l'orgasme. Les exercices particuliers pratiqués par les Jésuites, mis au point par Ignace de Loyola, conduisent par le même effet de baisse de vigilance aux états d'*extase mystique*.

L'expérience mystique, liée aux effets psychologiques profonds corrélatifs de la foi, réalise au mieux cette situation de baisse de vigilance, où les coordonnées de l'espace et du temps sont abolies, où le sujet communique directement avec Dieu. (Les yogis, dans le même « état », considèrent qu'ils communiquent avec la Nature tout entière, dans laquelle ils se sentent complètement immergés.) L'extase mystique, du point de vue psychologique, constitue une abolition totale de tous les conflits intérieurs ; le sujet appartient complètement à son Dieu, de telle sorte qu'il n'existe plus comme individu autonome, mû par les diverses contradictions internes qui animent la vie psychologique entre les diverses « instances » psychiques. Tout ce qui, spécifique de l'humain, se traduit par la lutte intérieure entre les « forces obscures » pulsionnelles et les systèmes de résistances, et qui produit cette régulation instable, génératrice de l'angoisse, est totalement dissous par l'élan affectif prodigieux vers la force divine. La *culpa-*

bilité, notamment, qui est l'expression thématisée de l'angoisse existentielle, est complètement résorbée dans cette communication directe avec Dieu.

Une « bonne » gestion de la vie psychologique consiste en une sorte d'aménagement d'une certaine « dose » de culpabilité. L'amour au quotidien, avec ses conflits plus ou moins aigus, plus ou moins bien amortis par la « bonne volonté » mutuelle activée par la tendresse, n'est pas protégé contre la culpabilité. Parfois même, la culpabilité, la culpabilisation, qui peut servir de moyen de domination pour l'un des partenaires, s'auto-entretient dans ce système pervers. C'est une des formes – pas la meilleure – de la gestion des conflits du couple. D'ailleurs, la culpabilité, en tant que telle, maintient nécessairement un certain niveau de vigilance.

Or, la passion amoureuse se trouve aux antipodes d'une telle situation. Non seulement il n'y a ni culpabilité, ni culpabilisation, mais, au contraire, l'émerveillement mutuel idéalise à outrance les amants, réalisant cet état intérieur d'euphorie, voire d'extase, qui est recherché et provoqué dans l'état passionnel.

Les contraintes intérieures qui sont, pour une part, liées aux règles et aux interdits nécessités par la vie en société, se trouvent, pour un temps, annulées, comme c'est le cas dans l'extase mystique. On comprend mieux, grâce à toutes ces approximations, quelle est la fonction anthropologique de la passion, c'est-à-dire sa *signification* par rapport à la « condition humaine ». L'extase mystique, qui réalise au mieux la réconciliation du sujet avec lui-même – Dieu, en la circonstance –, faisant de l'humain, en totalité, une spiritualité vivante, un pur esprit, constitue ainsi la *négation* de l'origine animale de l'être humain. D'ailleurs, les religions chrétiennes, qui traduisent la « condition humaine » dans les termes du péché et de la culpabilité, permettent, avec le *pardon* – qui est l'équivalent au quotidien du rachat originaire des péchés par le Christ –, d'apporter aux humains la sérénité que les conflits intérieurs mettent souvent en défaut. Les religions chrétiennes – comme la psychanalyse, d'ailleurs, mais sur un autre registre – sont ainsi la « thérapeutique » spécifique de la « condition humaine ». C'est ce qui fait leur succès, à tout jamais inaliénable.

La passion amoureuse repose sur la même problématique, ce qui pourrait paraître paradoxal puisque, aussi bien, elle est essentiellement vouée aux satisfactions sexuelles. En fait, les effets d'idéalisation et de déréalisation provoqués par l'intensité du désir désincarnent, si l'on peut dire, les amants, qui deviennent l'un pour l'autre pur esprit, pur amour. Dans la mythologie religieuse, « le Verbe s'est fait chair »; dans la passion, la chair s'est faite Verbe. La Parole des amants est éternelle promesse d'amour, elle garantit pour une Éternité (intemporelle), qui annule l'écoulement du temps, l'Unité retrouvée, les retrouvailles scellées à jamais des deux parties de l'Androgyne originaire qui, dans cette course éperdue, ont réussi à rompre la malédiction qui les séparait. Les grandes figures mythologiques de la passion, Roméo et Juliette, Tristan et Iseut, Orphée et Eurydice, ne peuvent se retrouver que dans la Mort.

Mais la passion, celle des hommes et des femmes de la vie réelle, n'est-elle pas une recherche de l'anéantissement, pour mimer, l'espace d'un instant, le sentiment de l'Éternité? L'être humain se sait mortel. Il est assujetti à la différence des sexes et des générations. Comment abolir toutes ces fractures, douloureuses, de la « condition humaine »?

CHAPITRE V

L'adultère, une morale à la carte

Le mot « adultère » est souvent assorti de l'adjectif « bourgeois ». Au siècle dernier, notamment sous le Second Empire, lors du développement du capitalisme et de la grande bourgeoisie, les jeunes hommes issus de cette classe sociale faisaient des mariages de convenance ou d'intérêt. L'intérêt économique ou les intérêts de prestige prévalaient. Il n'y avait pas de mariage « d'amour ». Seuls les gens issus des milieux populaires et ouvriers, auxquels étaient épargnés ces graves soucis d'argent, pouvaient se marier ou vivre ensemble par amour.

La vie conjugale bourgeoise consistait surtout en réceptions (pour la vie publique) et à faire des enfants (pour la vie privée). Les femmes étaient des mères potentielles : on les « respectait », c'est-à-dire que la vie sexuelle était essentiellement réduite à sa fonction de reproduction (corrélative de l'héritage), le plaisir en était absent, surtout pour la femme.

Les hommes allaient chercher le plaisir, éventuellement l'amour, ailleurs, dans la prostitution haut de gamme, l'équivalent actuel des call-girls, ce qu'on appelait les « demi-mondaines ». Ces femmes « entretenues », qui pouvaient évoluer dans la « haute société », le « beau monde », n'étaient, de ce fait, mondaines qu'à moitié. Leurs amants bourgeois leur faisaient construire des hôtels particuliers, appelés « folies », terme qui marquait leur dimension de « caprice », comme il en existe encore des vestiges à Paris, notamment dans le IXe arrondissement. Ces relations de plaisir pouvaient évoluer et devenir des relations d'amour, comme en témoigne la littérature, notamment *la Dame aux camélias* (Marguerite Gautier) d'Alexandre Dumas fils, devenue *la Traviata* (la « dévoyée », la « débauchée ») dans l'opéra de Giuseppe Verdi. Il est intéressant de noter que, vers la même époque, on vit l'essor du mouvement romantique, illustré par Victor Hugo et Alfred de Musset entre autres. Le romantisme était l'apologie échevelée de l'amour, il représentait, en quelque sorte, le prédécesseur de l'« amour fou » des surréalistes. Faute de l'être dans la réalité (sauf quelques cas particuliers), l'amour était vécu dans l'imaginaire, et tout particulièrement dans l'*imaginaire poétique*. La poésie et, surtout, le théâtre de Musset sont tout à fait symptomatiques de cet intérêt porté à l'amour. Il faut souligner la perspicacité et la finesse d'analyse des conflits amoureux dont ils font preuve.

Ainsi, schématiquement – car il ne s'agit pas d'en faire un historique –, l'adultère est une forme de relation de couple caractérisée par sa dimension de marginalité et de vie parallèle par rapport au couple officiel. Rappelons-nous l'amour à épisodes de Musset avec George Sand. Signalons également que l'auteur de *la Dame aux camélias*, Alexandre Dumas, était un fils « naturel » d'Alexandre Dumas père, auteur des célèbres romans *les Trois Mousquetaires*, *le Comte de Monte-Cristo*, etc. En remontant en amont, on trouve encore un autre Alexandre Dumas, père de l'auteur prolifique et général d'armée de son état – comme l'était, par ailleurs, le père de Victor Hugo.

L'adultère bourgeois s'est banalisé avec l'apparition de la petite bourgeoisie, dont le mode de vie singeait celui de la grande, sans en avoir les moyens. Progressivement, en se « démocratisant », il s'est institutionnalisé dans les domaines juridiques et moraux en tant que violation de la loi « sacrée » du mariage. L'adultère possède toujours cette connotation péjorative et moralisatrice. Cependant, au-delà des péripéties historiques, c'est la *signification psychologique* du phénomène qu'il est intéressant d'analyser, avec ses conséquences au point de vue moral, ce qui revient à poser la question suivante : y a-t-il une morale du couple, voire de l'amour ?

L'amour, par sa dynamique même, implique la durée et la continuité. Cependant, c'est un processus animé par des contradictions, un processus conflictuel, de telle sorte que le désir de continuité – l'amour qui dure « toujours » –, vécu subjectivement par les protagonistes, se heurte à un mouvement d'usure interne qui peut émousser le désir ou les sentiments. « L'amour est enfant de Bohème », selon un air célèbre de l'opéra *Carmen* de Bizet, qui poursuit, pour bien appuyer le trait : « Il n'a jamais, jamais connu de loi. » En effet, l'amour est sans loi, mais non sans foi. Cette « foi », précisément, c'est-à-dire cette « croyance » constitutive de l'amour, tellement nécessaire à son éclosion et, éventuellement, à sa durée, entre en contradiction avec la *nature* même de ses déterminations, leur caractère irrationnel, fondé essentiellement sur des « signaux d'appel amoureux » perçus seulement par celui ou celle qui peut y répondre. C'est l'accord des « programmations libidinales », c'est-à-dire les modalités de mobilisation du désir et du plaisir, qui conditionne la possibilité de la relation amoureuse. Mais nul ne peut déterminer le *potentiel de durée* inscrit dans cet accord des « programmations », ni la « profondeur » des éléments libidinaux ainsi mis en résonance.

Ainsi, l'amour, dont on souhaite avec une telle ardeur qu'il dure « toujours », connaît des intermittences, des désinvestissements, parfois imprévisibles ou déconcertants. C'est la passion qui est expérimentale, si l'on peut dire, de ce genre de décrochage de l'investissement amoureux. Le processus passionnel, du fait de son acuité constitutive, est voué à retomber à plat, comme un soufflé. Le désinvestissement peut s'opérer d'un seul coup, la flamme s'éteindre aussi vite qu'elle s'est allumée dès lors qu'ont été satisfaites les nécessités libidinales et narcissiques impliquées dans la relation. C'est le même mouvement qui s'opère dans la relation amoureuse habituelle, en plus ralenti, plus contradictoire et, souvent, plus douloureux. Ce qu'il est intéressant de souligner, c'est combien l'« objet » d'amour, une fois désinvesti, c'est-à-dire ayant perdu toute fonction et toute existence dans la vie du sujet, lui devient (ou redevient), littéralement, un *étranger*.

Il faut avoir à l'esprit tous ces processus complexes d'investissement et de désinvestissement liés à la relation amoureuse pour comprendre les caractères spécifiques de la situation d'« adultère ». On a vu comment l'adultère est né, à la fois sur le plan psychologique, juridique et moral, des ingratitudes du mariage bourgeois, dont tout amour était en général banni, et le plaisir encore plus. Les femmes chargées de faire leur office dans ce domaine particulier se trouvaient en général dévalorisées (bien qu'elles aient souvent été des « maîtresses » très onéreuses) ; d'autres fois, elles étaient, au contraire, idéalisées par un amour passionné, construit selon les critères du romantisme. Bien entendu, ni Napoléon III ni le Baron Haussmann ne sont à l'origine de l'adultère. La complexité des rapports entre l'homme et la femme se suffit à elle-même, et la prostitution, comme on le dit, est le « plus vieux métier du monde ».

L'adultère bourgeois, style Second Empire, est en quelque sorte le modèle, le prototype absolu de l'adultère : chercher ailleurs ce qu'on ne trouve pas à la maison. En outre, il est à sens unique : c'est l'homme qui, de façon pour ainsi dire institutionnelle, possède (au moins) deux femmes : l'une pour la famille, l'autre pour le plaisir, éventuellement pour l'amour. La « maman » et la « putain » qui sont, en quelque sorte, potentiellement réunies chez la plupart des femmes de l'univers phallocentriste, sont ici, dans le cas de l'« adultère bourgeois », « interprétées » par deux femmes différentes, chacune ayant une fonction bien définie.

En effet, la notion d'« adultère » qualifie, de façon péjorative, toute rencontre amoureuse en dehors du couple « conjugal ». Disons d'emblée qu'il est difficile d'aborder un tel problème sans risquer de tomber soit dans l'écueil normatif, soit dans l'écueil moralisateur. Essayons d'être neutre et bienveillant, seulement attentif aux incertitudes, souvent douloureuses, du cœur humain.

L'amour, quelles que soient sa force et son authenticité, évolue nécessairement au fil du temps. Par sa puissance mobilisatrice, il possède des effets structurants, de telle sorte que les partenaires d'un couple évoluent, c'est-à-dire changent. En général, ces restructurations nécessitent des réajustements dans la vie du couple, qui se font soit à l'insu des partenaires, c'est-à-dire spontanément, sous la force même de leur lien affectif, soit sous forme de crises, de prises de conscience de la nécessité de certains changements. Ces flottements intermittents, liés aux changements parallèles qui ne se font jamais au même rythme, créent parfois une certaine disponibilité, sous la forme d'un désenchantement qui soit rend le regard critique, voire acerbe, soit, surtout, fait apparaître tout un univers extérieur d'hommes et de femmes, jusqu'alors resté dans le flou produit par l'enfermement amoureux du couple, et dont l'intérêt prend brusquement tout son éclat. De toutes façons, le désir est toujours flottant, toujours en « risque » (?) de mobilisation. C'est l'affectivité, la tendresse qui jouent un rôle régulateur, pour en réintégrer la dynamique au bénéfice du couple. Mais le désir est rusé. Par sa nature même, il est toujours en manque, toujours insatisfait : c'est de cette insatisfaction constitutive que procède sa relance. Au couple de l'entretenir et de le réinventer chaque fois, pour le garder le plus longtemps possible à son service. De plus – c'est une évidence qu'il faut bien rappeler –, les deux partenaires du couple ne forment pas, par la force des choses, le « seul cas de figure » de la rencontre des « programmations » libidinales. L'éventail en est relativement large, d'autres « cas de figure » auraient été possibles. En outre, même dans le couple le plus « parfait » (en admettant que cela soit possible), il reste des zones de vide, parce que toutes les « strates » d'une personnalité sont infiniment nombreuses et variées, et qu'elles ne sont pas toutes, au complet, en résonance mutuelle.

La solidité d'un couple, son « cœfficient de durabilité », tient essentiellement au fait que des nécessités psychologiques, affectives et sexuelles les plus « profondes » se soient accordées. Pour chaque couple, cet élément de coalescence est différent. En outre, il peut changer avec l'évolution des partenaires. En quelque sorte, la disponibilité pour de nouvelles rencontres est permanente. Le vrai problème, en réalité, ne tient pas tant à l'existence de nouvelles rencontres qu'au fait qu'elles ne soient pas aussi nombreuses que les occurrences le permettent (c'est un problème de fond sur lequel il faudra revenir). C'est le potentiel de mobilisation du désir qui, associé aux modalités de l'investissement de son couple par le partenaire intéressé, décide de la suite à donner à sa disponibilité éventuelle.

La notion de « fidélité » est en général assortie de celle d'adultère, qui est censée en constituer le *négatif*. Est-ce tellement sûr ? En effet, les formes de rencontre en parallèle sont aussi diverses que les formes d'association dans le couple. Le « coup de canif dans le contrat » peut paraître sans conséquence pour l'un, parfois dramatique pour l'autre. La « fidélité » est-elle une « fidélité » au couple ou une « fidélité » à soi-même, c'est-à-dire à l'éthique explicite ou implicite qui guide notre vie ? On pourrait dire en quelque sorte, de façon naïve, qu'on n'aurait aucun mérite à être « vertueux » si l'on n'était pas pris dans des « tentations ».

En réalité, l'« adultère » pose, de façon indirecte mais très incisive, tous les problèmes de la vie de couple et, d'une façon plus générale, tous les problèmes relatifs à l'amour et à l'état amoureux. C'est, en quelque sorte, son caractère « atypique », « marginal », qui exacerbe les contradictions et les conflits inhérents à la vie amoureuse. En outre, sa dimension aléatoire, sa précarité, sa fragilité rendent les sentiments plus aigus, les malentendus plus fréquents et, souvent, la souffrance psychique devient une hôtesse bien encombrante. Ce qui pourrait apparaître comme un amour de « seconde main », un amour en « solde », réunit au contraire toutes les composantes explosives de l'amour. Le plus intéressant, me semble-t-il, tient au fait que la situation d'« adultère » révèle la vérité profonde des êtres autant, sinon plus, que la relation « conjugale » classique. Malheureusement, devant ces situations parfois complexes et douloureuses, les témoins et les protagonistes eux-mêmes, dans l'incapacité de se comprendre face à des mouvements affectifs qui les dépassent, usent, pour y « voir plus clair » (?), d'une approche moralisatrice qui ne veut rien dire et, surtout, ne sert à rien. On parle soit de « courage moral », de « force de caractère », de « force morale », etc., soit de « manque de courage », de « lâcheté », de « faiblesse de caractère », et ainsi de suite. Les situations aiguës, qui semblent se présenter sous la forme d'une alternative, se traduisent dans les termes suivants : « choisir entre le remords et le regret » !

On nage en pleine niaiserie, et les donneurs de leçons ne manquent pas. En fait, de quoi s'agit-il ? Devant toute transgression, aussi minime soit-elle, les « autres », ceux qui restent frileusement enserrés dans leurs chaînes, n'ont pas d'autre ressource que de se draper dans le manteau confortable de la « vertu », faute de pouvoir en faire autant. La « résistance » devant le désir de transgression (qui existe chez tout être humain) se traduit sous la forme du discours moralisateur. De la même façon, *l'intérêt pour le fait divers* (« braquages », homicides, crimes en tout genre, etc.) est lié au désir profond, chez tout être humain, de se libérer des chaînes de la socialité, des règles et des lois, des institutions et de leur discours moral, en s'identifiant à celui qui laisse surgir sa violence et son agressivité dans le passage à l'acte.

Or, le domaine de la sexualité est, par essence, celui où coexistent de façon constitutive la régulation par les règles et les lois et la violence pulsionnelle contenue par des « forces » de contrôle intrapsychiques. La sexualité est *« indomptable »*, affirme Freud. Ainsi, la gestion de ces conflits internes complexes est tout à fait personnelle, individuelle, de telle sorte que tout jugement moral est impossible et, à la limite, illégitime. « Occupe-toi de tes oignons », pourrait-on dire à celui qui se mêle des affaires d'autrui, auxquelles, par nature, il ne comprend rien et ne fait que juger à partir de son tapis-brosse.

Un problème important ressort de ce début d'analyse. En quoi l'« adultère » peut-il être l'équivalent d'une « transgression » ? Pour celui qui assujettit sa vie, et plus particulièrement sa vie privée, à des « valeurs » morales laïques et, surtout, religieuses, l'« adultère » est bien une trahison de ces valeurs morales. Il se trouve alors pris dans un autodéchirement et ne sait plus très bien à quel saint se vouer. Le caractère élastique des références morales, qui est une marque des temps actuels, augmente peut-être le nombre de ces expériences affectives parallèles, mais n'en diminue pas pour autant les conflits intérieurs et le sentiment de culpabilité. Ce qui porte à penser que les systèmes de valeurs peuvent éventuellement jouer un rôle de « garde-fou » pour celui qui s'en trouve conforté, mais n'empêchent pas une évolution inéluctable, quoique complexe et difficile, des mœurs. La répression sexuelle, qui est une constante de la vie sociale, est intériorisée par les individus et justifiée plus ou moins à partir de leurs références personnelles. L'évolution des rapports entre l'homme et la femme, notamment une affirmation nouvelle du droit des femmes à une majorité psychologique et sociale, rééquilibre progressivement, lentement, la relation entre les sexes. Des « valeurs » nouvelles sont apparues : le respect mutuel, la liberté intérieure dans la solidarité, le droit au plaisir dans la relation sexuelle pour la femme, ce qui complique l'appréciation des modalités d'évolution des rapports de couple. Aussi, les notions de « fidélité » ou d'« adultère » deviennent plus floues dans leurs caractéristiques morales, tout en restant des préoccupations intérieures toujours sensibles. Les « valeurs » peuvent évoluer – de façons très différentes et très diverses selon les milieux socioculturels –, les problèmes affectifs demeurent. Pourquoi ? Aucune loi morale, aucune règle ne peuvent servir de rails conducteurs aux sujets soumis à l'emprise du désir. Pas plus que le désir ne s'apprend ou ne s'éduque – il n'y a pas d'« éducation » sexuelle –, il ne peut fonctionner par décret. L'individu reste toujours seul face à ses désirs, c'est à lui de trouver ses propres marques. A chacun sa « morale », pourrait-on dire. Nous reprendrons cet important problème ultérieurement.

Ainsi, nous sommes renvoyés aux problèmes de la

constitution du désir et aux conflits inhérents à la situation amoureuse. Ce qui pourrait s'énoncer par cette interrogation naïve : peut-on aimer deux personnes à la fois ? La réponse à cette question dépend, bien entendu, des modalités d'investissement affectif et sexuel de la relation « parallèle ». A priori, on ne peut préjuger de l'importance de l'un ou l'autre aspect, l'affectif et le sexuel. L'examen de l'ensemble de ces problèmes va réserver bien des surprises.

Posons comme postulat que toute l'existence humaine est traversée par la sexualité. Cela veut-il dire que « les hommes et les femmes ne pensent qu'à ça » ? Oui. Mais, parfois, certains ne savent pas qu'ils le pensent. Tout l'univers social se trouve sexualisé. Officiellement, par les productions érotiques et pornographiques diverses : films, spectacles, œuvres d'art, etc. Officieusement, par les pensées érotiques qui traversent notre esprit quand l'occasion s'en présente, c'est-à-dire lorsque se produit un événement pouvant se prêter à une « traduction » sexuelle : par exemple, le métro qui entre dans le tunnel. De plus, toute la gamme des grivoiseries est une forme socialement autorisée de satisfaction à caractère érotique. Aussi, il n'y a rien d'étonnant à ce que dans tout groupe humain, où évoluent nécessairement des hommes et des femmes, tous les jeux de la séduction, discrets ou plus explicites, entrent en action. En la circonstance, personne ne se demande si les protagonistes engagés dans ces jeux sont liés par ailleurs. La plupart du temps, c'est le cas. Cela n'empêche rien, heureusement. C'est la suite à donner, ou bien la logique interne aux jeux de la séduction, qui font naître les problèmes. Et ce sont leurs solutions, aussi diverses et nombreuses qu'il y a de circonstances et d'individus, qui ouvrent la voie à la situation dite d'« adultère ».

On se rend compte à quel point le terme d'« adultère » est ridicule et dérisoire. Il est essentiellement à usage juridique, comme on le voit actuellement aux États-Unis, où de nombreux « fils de famille » sont victimes de machinations fomentées à des fins pécuniaires ou, éventuellement, politiques. L'aspect moralisateur est la conséquence de cet aspect juridique. Il ne s'agit pas tant de préserver la vertu que la transmission de l'héritage. Cependant, derrière cette trivialité et cette basse matérialité se profile la contradiction constitutive de la sexualité humaine, avec ses implications existentielles. Telle est la contradiction entre une sexualité « libre », sans barrières ni contraintes, fantasme dominant de la vie sexuelle, et une sexualité « socialisée », obéissant à des règles, des lois et des valeurs. Ces dernières prennent en charge la structure de couple, inhérente à toute relation sexuelle, et inscrivent le couple dans une *institution*, le mariage, avec pour finalité la famille, c'est-à-dire la perpétuation de l'espèce, en assortissant tout cet ensemble de la panoplie des valeurs morales que nous connaissons. La relation « parallèle » tend à desserrer cet étau de contraintes, pour libérer en partie le jeu du désir. Car le désir est toujours là, inassouvi, toujours en manque, toujours prêt et disponible. Il est ainsi impossible de concevoir une vie sociale où la sexualité serait réduite à ses structures « officielles ». Les « soupapes de sécurité », socialement autorisées, nous l'avons vu, sont multiples. Mais elles n'offrent que des *satisfactions substitutives*, et la lecture du menu ne peut remplacer le repas lui-même. C'est dans ce contexte complexe et instable que vont naître les relations en « parallèle ».

L'*« aventure »* est la forme minimale de la relation extraconjugale. Les occurrences en sont variées. Tout groupe humain étant sexué, la sexualité et le désir circulent en sourdine, et il y aura toujours une femme et un homme qui verront naître entre eux un attrait réciproque. Souvent, c'est l'homme qui est le « demandeur » et qui met en œuvre une stratégie de séduction propre à mobiliser le désir de la femme. Parfois, c'est le lieu de travail qui est propice à ce genre de rencontre. Parfois, au contraire, le contexte de travail la rend très difficile, et les rencontres se font au hasard de situations collectives : réception, fête, participation à un débat, à une conférence, etc. La « drague » en externe en est une des modalités, mais il semble que certaines femmes soient un peu agacées par ce type de « harcèlement sexuel ». Quoi qu'il en soit, la rencontre se termine donc « au lit », qui en est son terme logique. Le « flirt » et les petites agaceries érotiques (dans une automobile, par exemple) sont encore fréquents, mais ils tombent en désuétude faute de « combattants ». D'ailleurs, leur caractère hypocrite d'apéritif empoisonné laisse en général le pas à une « loyauté » nécessaire, où le « oui » ou le « non » décident de la suite des événements. Cette dernière est également en jeu dans (et malgré) la brièveté de l'aventure. Même la situation réduite à sa plus simple expression, par exemple faire l'amour dans un bureau assis sur une chaise, laisse en suspens le même problème.

La relation sexuelle entre un homme et une femme, aussi anodine soit-elle, est porteuse, au moins chez l'un des partenaires, d'interrogations multiples. La dimension érotique se double toujours, plus ou moins, d'éléments affectifs. Celui (ou celle) qui s'en trouve agité reste alors sur sa faim. Allons plus loin. Aucune relation interhumaine, interpersonnelle, ne peut se réduire à une simple instrumentalisation. Même la communication érotique est relation psychologique. C'est ce qui fait son intérêt et son charme. Sinon, on tombe dans la consommation triviale ; à moins d'être « affamé » par une longue « privation », on ne voit pas à quoi rime ce « *quick-service* » de l'amour. Malheureusement, il arrive souvent que des hommes, les « coureurs de jupons » comme on les appelle, émoustillés par la vue éclair d'un genou ou d'une plongée de décolleté, soient brusquement réduits, rétrécis à la seule domination de leur désir, et se trouvent prêts à n'importe quelle « consommation ». Il ne faut pas confondre la femme, « objet » du désir, et la consommation *« self-service »*. Dans un cas, la femme est sujet à part entière de la situation érotique ; dans l'autre, elle est un « objet partiel », une cuisse, un sein, une cambrure de reins, etc., réduite ainsi à ses simples signaux érotiques. Le désir n'est plus que besoin et la relation sexuelle devient un rapport de consommation. C'est le retentissement de la dimension affective de l'« aventure » ou, parfois encore, des découvertes érotiques insolites, qui induisent un désir de durée. On entre alors dans une autre catégorie de rencontre, riche en péripéties et lourde de conséquences.

La *« liaison »*, quelle qu'en soit la durée, reconstitue progressivement un autre couple, « en parallèle ». Elle en connaît donc tous les aléas, plus d'autres complications inhérentes au vécu (éventuellement de marginalité) de la situation. Il est beaucoup plus difficile qu'on ne le croit de comprendre la complexité de cette vie de couple à géométrie variable, et dont la durée, justement, procède de ses propres difficultés. L'important est de savoir que l'existence de cette situation particulière se prévaut d'une *fonction psychologique* pour chacun des partenaires, mais différente pour l'un et l'autre. L'amour que se portent mutuellement les deux amants n'est pas nécessairement en cause, mais ils sont dans l'*ignorance* des motivations réelles qui les animent. Ils se tiennent, de ce fait, un discours de justification. Souvent, l'homme se dit en difficulté avec sa femme, voire au bord de la séparation. Certes, il est sincère, parce qu'il lui est impossible de comprendre le sens de la crise affective qu'il traverse et de connaître les déterminations « profondes » qui la trament. Parfois la femme, pour des raisons complexes, ne connaît pas de satisfactions sexuelles intéressantes avec son compagnon « officiel », et peut découvrir le plaisir dans une situation de transgression. Ce ne sont pas seulement des considérations liées aux valeurs morales qui dictent aux amants ce discours de justification. La rencontre « parallèle » qui s'installe dans la durée produit obligatoirement des effets au niveau de la vie pratique et, de ce fait, s'aiguisent les singularités et les contradictions de la situation. La « liaison » est vouée à la clandestinité, avec ses ingratitudes – mensonges, expédients, petites stratégies mesquines et dérisoires.

Le prétexte de cette stratégie du mensonge est d'éviter la souffrance au partenaire « conjugal ». Cela est vrai, en partie. Être « trompé » par un conjoint ou une compagne inflige non seulement une blessure narcissique, c'est-à-dire une blessure d'amour-propre, mais, surtout, signifie une perte d'amour, une *amputation psychique*, tant il est vrai que, dans la relation de couple, des processus d'identification partielle introduisent dans le psychisme de chacun des partenaires une partie de la personnalité de l'autre. Ce que révèle la situation d'« adultère », et qui reste implicite ou méconnu d'ordinaire, c'est la transformation opérée par la relation amoureuse au long cours, provoquée par l'intériorisation, par chacun des partenaires, d'une partie des qualités ou des caractéristiques psychologiques imputées à l'autre. Ainsi, l'investissement amoureux dans une relation « parallèle » donne le sentiment d'une perte de matière psychique qui conduit à une sorte d'infirmité de la personnalité. La perte d'amour est *douloureuse* parce qu'elle laisse un trou béant qui saigne du sang particulièrement vivant, constituant l'étoffe spéciale de l'affectivité. La souffrance affective est souffrance psychique, mais aussi souffrance du corps, par le corps. Parfois, elle conduit à la nécessité d'une sorte de *travail de deuil*, dont la difficulté ou l'impossibilité peuvent conduire au suicide. L'ombre de la mort plane au-dessus de tout amour. L'amour fait et défait l'être humain, il faut le rappeler. Au plus profond de la douleur, faute de pouvoir détruire le responsable au-dehors de lui, le sujet le détruit en lui, en se donnant la mort. Dans d'autres cas, la douleur met en mouvement une charge d'agressivité mortifère qui se traduit par le *crime passionnel.*

Ainsi le mensonge se justifie-t-il de ces occurrences dramatiques. Les gens bien élevés pensent qu'on peut « tout se dire »: dans une époque de « libération sexuelle » et d'évolution des mœurs, il ne devrait pas exister de ces situations de vaudeville à l'envers. Malheureusement, à l'expérience, le « tout se dire » institue la « scène de ménage » comme forme de dialogue de sourds, particulièrement efficace pour conduire le couple, *malgré lui*, à la rupture. Une sorte de logique pernicieuse s'installe, à l'insu des belligérants, et aboutit à un point de non-retour. J'ai connu, dans ma pratique de « thérapie » de couple, ces situations inextricables où l'incompréhension mutuelle file à toute vitesse, prend de court les partenaires du couple comme le praticien, qui n'y peut mais, et où tout se termine sur un constat d'échec. L'illusion de la « bonne volonté » qui devrait prendre le dessus et présider à la réconciliation des adversaires feint d'ignorer la puissance désintégratrice des forces de l'inconscient, dès lors que leur dynamique fonctionne dans le désinvestissement réciproque. Cela échappe au « thérapeute » qui, souvent, joue à l'apprenti sorcier sans le savoir.

Seule la force de l'amour qui lie les partenaires du couple « officiel » lui permet de surmonter des orages aussi dangereux. C'est également le mode et la nature de l'investissement amoureux dans le couple « parallèle » qui décide de son potentiel de désintégration, grâce à quoi les choses rentrent dans l'« ordre ».

Que recherche-t-on dans une « liaison »? La réponse à cette question est importante, parce qu'elle va permettre de donner des réponses plus précises et de mieux comprendre les diverses situations qui viennent d'être évoquées.

L'amour porte en lui-même sa propre désintégration. Il combine à la fois « forces » de vie et « forces » de mort, dans un équilibre précaire et instable que la vie en commun et des intérêts communs (affectifs, intellectuels, culturels, etc.) permettent de maintenir dans un « à peu près » de durée variable. Certains peuvent considérer cet « à peu près » comme monotone et, surtout, peu exaltant. Des zones d'incompatibilité apparaissent dans le couple, dont la gestion peut paraître, un certain temps, difficile pour l'un des partenaires. Un espace de vacuité se fait jour, qui laisse une disponibilité à l'œuvre. Le sujet est pris dans le doute, concernant son choix amoureux, ou bien il se prend à penser que son couple commence à épuiser son potentiel d'auto-enrichissement. Il devient disponible pour une rencontre amoureuse dont l'intensité sera à la mesure de son sentiment de désinvestissement par rapport à son couple. Le partenaire de cette nouvelle rencontre sera, immanquablement, idéalisé à outrance et doté de toutes les qualités considérées comme absentes chez le partenaire « officiel ». Si le coéquipier de ce nouveau voyage est dans le même état d'esprit, très vite les cœurs et les sens s'échauffent : on aboutit à l'*état passionnel*.

Alors, dira-t-on, pourquoi la « liaison » ? Parce qu'on s'ennuie dans son ménage ? Il y a une part de vérité dans cette assertion qui, cependant, laisse aux oubliettes deux éléments importants qui forment, finalement, une seule et même question. Pourquoi s'ennuie-t-on dans son ménage ? Est-ce parce que celui-ci traverse un calme trop plat, ou bien parce que le partenaire intéressé est lui-même pris dans l'ennui, pour des raisons qui le concernent ? En d'autres termes, l'un des partenaires du couple peut traverser une *crise affective*, pour des raisons diverses (sur lesquelles nous reviendrons plus loin), ou bien le couple traverse lui-même une crise que l'un des partenaires n'est pas en mesure de supporter, ce qui l'amène à chercher des solutions à l'extérieur.

La disponibilité momentanée, le sentiment de vide intérieur qui lui est inhérent trompent le sujet sur son projet réel. Le sujet pense chercher une solution à son malaise interne, imputable selon lui aux insuffisances de son couple. En fait, il se cherche. Le malaise intérieur et le malaise du couple sont dus, pour une part, à une étape de transition psychologique, à une évolution intérieure qui est vécue comme une crise existentielle. En fait, c'est bien d'une *crise existentielle* qu'il s'agit ; mais le sujet considère, à tort ou à raison, qu'il ne peut trouver dans son couple les éléments de l'apaisement qui lui est nécessaire. Sa détresse peut être très grande et, dans certains cas, quelles que soient ses qualités, il est au-dessus des moyens psychologiques du partenaire du couple d'y faire face. Le sujet est dans une sorte d'aveuglement qui l'empêche de considérer qu'en lui-même se trouve la source de tous ses maux. Il projette sur son partenaire les mécanismes de ce malaise et considère son couple en panne d'inspiration, impropre à se donner le nouvel élan qui lui fait défaut.

Il est ainsi mûr pour un nouvel investissement amoureux. Une relation « en parallèle » s'instaure. Du fait de son malaise intérieur, un tel sujet ne peut se contenter d'une aventure sans lendemain. Certains, au contraire, opèrent une sorte de fuite en avant dans les « aventures » multiples. Ainsi, l'un cherche la « qualité », l'autre la « quantité ». Dans un cas comme dans l'autre, c'est la fuite éperdue par rapport à soi-même. Comment peut-on comprendre cette recherche de l'Amour, avec un grand A? Peut-on aussi affirmer qu'il est des Madame Bovary au masculin ? Ce sont des questions complexes, et il n'est pas sûr qu'elles soient superposables.

L'examen du « donjuanisme » peut aider à en faire une approche. Le « don Juan » est l'homme aux aventures multiples, semble-t-il. C'est vrai pour celui de Molière comme pour le Don Giovanni de Mozart qui, à travers la séduction et la conquête des femmes, cherchent à transgresser et à ridiculiser les lois morales de leur temps. Ce sont des « libertins », c'est-à-dire des sujets qui, en faisant l'apologie de la « liberté sexuelle », mènent combat contre les hypocrisies morales de leur époque. Le « don Juan », au sens psychologique du terme, est avant tout un *séducteur*. Seule, pour lui, compte la séduction. Le passage à l'acte ne l'intéresse pas nécessairement. Pour la psychanalyse, le « donjuanisme » serait une sorte de recherche éperdue et insensée de la « Mère », qui toujours fuit, et l'*inceste imaginaire* tient lieu, pour le « don Juan », d'équivalent du passage à l'acte.

La recherche de l'Amour, dans la relation « parallèle », peut être considérée comme un escamotage de la prise en compte de la grisaille quotidienne. C'est peut-être un jugement sévère et quelque peu moralisateur. Cependant, il faut considérer ces problèmes dans la perspective suivante : quand un sujet, homme ou femme, a le sentiment qu'il a épuisé les potentialités de son couple, il désinvestit progressivement son partenaire et, s'il fait une rencontre intéressante, rien ne le retient, ni conjoint ni enfants, dans le projet de « refaire » sa vie.

Celui (ou celle) qui mène une « double vie » pose un tout autre problème. Il veut, comme l'énonce une expression triviale que je n'aime pas beaucoup, « le beurre et l'argent du beurre ». Il veut « gagner sur les deux tableaux ». Il garde ainsi son ménage, qui lui assure – quoi qu'il en pense – des repères solides, et peut s'offrir une passion grand format avec tous les accessoires. On peut comprendre que l'homme, dans une relation fusionnelle, cherche à retrouver le Paradis perdu de l'Enfance. Et la femme ? Il en est, semble-t-il, de même. Faute de pouvoir ou de n'avoir pas su découvrir dans la relation de couple conjugal les satisfactions complexes liées à la *bisexualité* constitutive de tout être humain, le sujet qui vit une liaison « parallèle » trouve, paradoxalement, une satisfaction étrange à ce tiraillement, parfois douloureux, qu'il éprouve entre les deux couples, quand il est mis en demeure de choisir. Tout se passe comme si, dans la relation de couple, le sujet devait satisfaire *à la fois* les éléments hétérosexuels dominants de sa vie sexuelle et ceux relatifs à l'homosexualité refoulée. La liaison « parallèle » est ainsi *en phase* avec le couple conjugal pour satisfaire ce double mouvement. Mais il arrive aussi que, dans le couple conjugal, les partenaires trouvent spontanément ces satisfactions complexes, sans même se rendre compte du privilège dont ils jouissent (c'est le cas de le dire). La sexualité a bien le dernier mot.

Faut-il ajouter que chercher à comprendre n'est pas porter un jugement? Il s'agit de mettre en lumière les complexités de l'âme humaine, les mystères insondables du cœur et les secrets cachés de la sexualité. Certains hommes (et peut-être aussi certaines femmes), pour des raisons liées à leur structure psychosexuelle, iront chercher dans une relation extraconjugale les satisfactions qu'il ne leur viendrait pas à l'esprit de chercher à découvrir dans leur vie de couple. Les secrets de la sexualité appartiennent au couple; encore faut-il que les partenaires sachent en faire la découverte mutuelle.

On pourrait aussi faire état de la grande diversité des appétits (sexuels) et des sensibilités. Comme le notait déjà Freud dans un texte de 1908 sur la *Morale sexuelle*, alors que les êtres sont d'une extrême diversité dans ce domaine, ils sont tous assujettis aux mêmes règles. Et ce bon bourgeois paisible prônait une morale sexuelle infiniment plus souple. Ces problèmes de morale doivent retenir sérieusement notre attention : ce n'est pas la « morale » en tant que telle qui est en cause, mais l'examen de la possibilité *psychologique*, pour chaque couple, de se donner les règles qui lui conviennent. En d'autres termes, c'est en fonction de l'économie psychologique du couple, et du mode de fonctionnement affectif et sexuel de chacun des partenaires, qu'il est possible de se donner, explicitement ou implicitement, des règles de vie.

Le minimum de « morale » dans un couple doit tenir au *devoir de solidarité.* La formule ressemble un peu à celle qui est énoncée par monsieur le maire au moment du mariage : « solidarité et assistance mutuelle ». C'est la moindre des choses. Cela devrait aller de soi, et même sans dire. Mais cela ne va pas de soi, même en le disant ! Chaque être humain a sa personnalité, son « caractère », et l'amour doit être accueillant et compréhensif. Parfois, ce devoir d'accueil se fait à sens unique ; d'autres fois, les choses sont mieux équilibrées. Cependant, de toute façon, cela ne va pas sans problèmes ni conflits.

Dans les années qui ont suivi les événements de mai-juin 1968, qui ont profondément transformé notre société, il a semblé qu'à la faveur d'une sorte de « révolution culturelle » d'autres formes de vie amoureuse fussent possibles. Les thèses de Charles Fourier redevenaient à la mode. Ce sont des thèses utopistes mais, en même temps, anticipatrices. Dans *le Nouveau Monde amoureux*, Fourier décrit les formes diverses que pourrait prendre la relation amoureuse, notamment des formes plurielles. Il explore ce qu'il appelle la forme « pivotale », où chaque être serait le « pivot » d'une multitude de composantes de la relation amoureuse. Ainsi sont nées, dans les années 70, les « communautés », expériences particulières, originales, où les couples se substituaient les uns aux autres avec le sentiment que la jalousie et la convoitise étaient bannies. Malheureusement, les humains sont encore trop fixés dans leurs modes d'organisation psychosexuelle qui, depuis des siècles, sont le support du mode de régulation de leur vie sexuelle. Une mutation dans les mœurs ne peut pas être volontariste. Elle ne dépend ni de l'éducation ni du type de valeurs morales ou de l'idéologie. C'est la structure profonde de l'être humain qui est en jeu.

Les conditions d'une évolution d'une telle ampleur sont difficiles à imaginer. Il est simplement intéressant de noter que, à l'occasion d'une grande crise sociale et économique, s'est fait jour une crise de « civilisation » dont l'occurrence a conduit à la recherche de nouvelles formes de vie sexuelle et amoureuse. Pour l'instant, nous restons avec nos problèmes, petits et grands, nos espoirs, nos chagrins, nos faiblesses, bref, des femmes et des hommes ordinaires, tels que les ont façonnés des siècles d'histoire humaine. Une nouvelle humanité n'est pas encore pour demain. On est loin du compte. Durant une certaine période, j'ai reçu en consultation ces « rescapés » des communautés. Ils revenaient d'une sorte de Paradis, comme sortis d'un rêve, fragiles et égarés, se réadaptant avec difficulté et souffrances aux règles habituelles de ce qu'on appelle la vie.

L'examen des problèmes de morale ne peut se faire en dehors du mouvement d'évolution des mœurs. Les anciennes valeurs morales se sont effritées. De nouvelles valeurs se cherchent. L'élément important de notre temps, semble-t-il, est l'apparition d'une nouvelle femme, plus « libre », c'est-à-dire moins assujettie au machisme de son compagnon. La contraception en est un facteur important, y compris l'accès à l'interruption volontaire de grossesse (l'I.V.G.). Non pas, comme le disent de mauvaises langues, imbéciles et réactionnaires, que la contraception permette à la femme de « s'envoyer en l'air » quand ça lui chante. Le processus est plus complexe et plus subtil. La libération de la fatalité des maternités involontaires est l'atout essentiel de ce progrès. La possibilité de « planifier » les naissances donne au couple, surtout à la femme, le sentiment d'avoir une certaine maîtrise sur son destin. Là est la véritable liberté de la femme. Le discours machiste, frivole et inconscient, témoigne bien de la *« peur » de la femme* dont il est, finalement, la face visible.

L'égalité dans la reconnaissance de la *différence*: là est le fondement de la nouvelle morale du couple. Cependant, les singularités individuelles demeurent. Ce sont elles qui organisent les relations interpersonnelles à l'intérieur du couple et décident de la marge de « liberté » impartie, éventuellement, aux protagonistes. Le respect mutuel et la tendresse rendent plus soucieux d'éviter des souffrances inutiles.

En fait, une sorte de « philosophie » implicite s'établit progressivement dans le couple, c'est-à-dire une reconnaissance mutuelle de l'incomplétude des êtres, de leurs imperfections, une modération de l'idéalisation qui rend les partenaires plus « réels » l'un pour l'autre. Ce « réalisme » est-il résignation ? Est-il vraiment possible et opérant ? Dans une « thérapie » de couple, ce qui est recherché, c'est de faire découvrir aux protagonistes les éléments essentiels de leur lien affectif. Il ne s'agit donc pas d'une leçon de morale, loin de là. La prise de conscience des nécessités « profondes », sexuelles et affectives, qui œuvrent à la constitution du couple, permet des réajustements dans les comportements les plus quotidiens, et surtout l'acceptation de l'autre, non seulement dans sa différence (sexuelle), mais également dans ses différences, culturelles, caractérielles ou de sensibilité. Le couple n'est pas une symbiose, il est une *unité active* faite de l'apport de deux êtres différents liés par la rencontre de la complémentarité de leurs désirs.

La tentation de la symbiose est toujours vivace. Paradoxalement, elle a comme conséquence la revendication d'une liberté personnelle aussi large que possible. La nécessité d'expériences passionnelles à répétition, sur le mode fusionnel, marque chez certains sujets l'existence d'une faille intérieure, d'une blessure ancienne à jamais impossible à refermer. Le lien à la mère a été perverti, du fait de sa propre problématique. Une sorte de *carence affective profonde* s'est révélée, du fait soit de l'incapacité de la mère à exprimer sa propre affectivité, soit d'un désir de domination phallique sur l'enfant : celui-ci, en particulier le garçon, doit être pour elle le moyen de son pouvoir. Ainsi se crée une situation paradoxale, faite de messages contradictoires, tel le fameux « je t'aime, moi non plus ». Il y a chez la mère *contradiction* entre son discours conscient, qui peut être à contenu affectueux, et son comportement, qui est ressenti par le petit enfant comme manifestant un rejet. L'amour de la mère devient « conditionnel » : la mère aime son enfant, à condition de le tenir dans sa possession et sous sa domination. Une *mère dépressive* peut aussi, dans certaines circonstances, donner le sentiment d'être inaffectueuse et de rejeter son enfant. Le père a, dans certaines occurrences, beaucoup de difficultés à tenir sa place. Ainsi, de nombreux « cas de figure » sont possibles.

Des hommes deviennent des êtres souffrants à perpétuité, recherchant à travers la femme, ou les femmes, la « mère » qu'ils n'ont jamais eue. C'est le cas de Charles Baudelaire, dont la mère s'est désintéressée de lui dès lors qu'elle eut épousé le colonel Aupick, futur général, plus jeune que son premier mari, le père du poète. Avec cet homme, elle a connu les satisfactions sexuelles de l'amour, ce qui l'a éloignée de son fils. Toute la poésie de Baudelaire est marquée du sceau de la *souffrance*, incurable malgré l'opium, malgré les femmes, souvent des prostituées.

Chez certaines femmes, cette « inaffectivité » de la mère crée un lien quasi indissoluble au père. Le « complexe d'Œdipe » maintient son dispositif difficile à effriter. C'est une situation à peu près symétrique à celle citée plus haut, mais plus complexe et contradictoire. L'homme peut leur apporter de la tendresse, parfois même des satisfactions sexuelles. Mais il existe un grand vide, impossible à combler, qui peut se traduire par un malaise psychologique profond, ou bien alors, à travers des expériences sexuelles à répétition, une quête éperdue d'un « quelque chose » difficile à cerner et à satisfaire, parce que le compagnon ne peut pas toujours être à la fois « père » et « mère ».

Ces blessures psychologiques profondes demandent aux partenaires du couple un surplus de compréhension mutuelle, qui ne peut pallier le malaise affectif mais rend le compagnon (ou la compagne) plus disponible aux périodes de régression du partenaire malheureux. Celles-ci peuvent se traduire soit par des « crises » caractérielles, des reproches, des revendications diverses plus ou moins justifiées ; soit par des recherches amoureuses, sans suites réelles, face auxquelles le sujet lui-même reste lucide, tout en se donnant l'illusion qu'il a, enfin, trouvé la compagne ou le compagnon idéal.

On se rend compte à quel point la morale est inopérante dans certains cas, et pourtant nécessaire pour avoir des points de repère. La formule « une morale à la carte » peut paraître désinvolte ou péjorative. En réalité, elle cherche à souligner la diversité des occurrences constitutives de chaque couple, ce qui est moins évident qu'il n'y paraît, à écouter le discours moralisateur commun. En fait, la notion de « morale » recouvre quelque chose qui n'a rien à voir avec elle. Elle pallie (croit-on) les vicissitudes de la « condition humaine », nécessairement faite d'insatisfactions, de frustrations, de douleurs. En fait, en tant que telle, elle ne sert à rien. Aucun volontarisme, sauf une idéologie « totalitaire » négatrice des individualités, ne peut contrôler le désir et réguler la vie affective. Il faut, en quelque sorte, que « ça se fasse tout seul ». Le discours moral remplit une fonction décorative. C'est une alchimie subtile qui travaille le couple et lui permet de tenir. Le temps est une épreuve difficile pour le couple. Mais il est aussi, dans de bonnes conditions, son allié. L'amour « vrai » résiste à l'épreuve du temps. Au contraire, le temps permet parfois aux partenaires d'accéder à une meilleure connaissance d'eux-mêmes, ainsi que des nécessités qui entretiennent le couple en vie. L'amour « vrai » est loin des illusions et des coups d'éclat. Il conduit à un compagnonnage, non exempt de conflits, moins enlisé dans la « tranquillité » qu'on ne le pense. Il se renouvelle en quelque sorte de lui-même, parce que la confiance mutuelle et la tendresse laissent des braises vivantes qu'aucun vent ne peut exalter ni éteindre.

Une dernière remarque. Le couple, nous l'avons vu, réactive les investissements affectifs primitifs à partir desquels il se constitue. Ces relations affectives primitives concernent l'investissement des premiers « objets » d'amour, la « mère » et le « père ». Les modalités de ces relations affectives et libidinales premières conditionnent le « régime » affectif et sexuel du couple. Or, ces investissements affectifs originaires sont en grande partie conditionnés par le propre investissement affectif de l'enfant pour ses parents. De ce point de vue, l'amour maternel et l'amour paternel sont différents, dans leur structure et leurs conséquences. L'amour maternel est inconditionnel : l'enfant le possède parce qu'il est là, parce qu'il existe. Mais si, pour des raisons diverses, la mère ne peut ou ne sait pas aimer son enfant, cet amour est irrécupérable. En revanche, l'amour paternel, lui, est *conditionnel.* On l'obtient sous condition de remplir certains critères liés aux nécessités affectives du père. C'est ainsi que commence l'histoire psychologique de l'individu.

Et c'est ainsi qu'il lui arrive de la perpétuer dans la recherche éperdue d'une « mère » aimante, ou dans la fuite en avant activiste avec le souci de satisfaire les exigences (imaginaires) d'un « père » toujours insatisfait. Or, ces sujets pris dans des contradictions inextricables deviendront eux-mêmes des parents…

Chapitre VI

La jalousie amoureuse

Lorsque j'étais jeune interne des hôpitaux psychiatriques, de tous les malheureux, les « malades mentaux » qui peuplaient ces lieux sinistres, j'avais surtout été impressionné par les patients en proie au *« délire de jalousie »*. Je me souviens d'un homme d'origine arménienne qui avait été interné « d'office » (c'est-à-dire de force et par la police!) parce qu'il persécutait sa femme et, surtout, la brutalisait pour lui faire avouer ses fautes. C'était un « brave homme » (comme on dit), mais sa jalousie le mettait dans une très grande tension anxieuse, toujours proche de la violence. Il reprochait à sa femme de coucher avec n'importe qui, d'avoir des amants à foison (le concierge, le plombier, le facteur, l'épicier, etc.), surveillait ses moindres faits et gestes, lui tendait des pièges en installant des « repères » sur le lit conjugal pour s'assurer qu'il y avait des « traces » de ses vilenies. Il examinait son linge de corps quasiment à la loupe. Son épouse, une « brave femme », avait à peu près le même âge que son mari, la quarantaine environ. Elle était très grosse, laide, malheureuse, et paraissait bien plus vieille que son âge. Dans ma naïveté (et mon ignorance), je me demandais comment il pouvait être possible que cette femme-là, que je voyais en face de moi, fût en mesure d'exécuter tous les « exploits » dont l'accusait son mari.

Rétrospectivement (les conditions de la pratique psychiatrique ont heureusement évolué, mais pas la pathologie), à la lumière de mon expérience et des connaissances que j'ai acquises depuis, ce qui me frappe surtout, c'est, chez ce malade – parce qu'il était véritablement malade –, l'intensité de ses interrogations, leur répétition, la nécessité pour lui de connaître tous les « détails », pour avoir des « preuves », se confirmer dans son délire et, surtout, se représenter les scènes d'amour de sa femme. Par ses questionnements répétitifs, il la voyait en quelque sorte devant lui faire l'amour avec ses supposés amants.

Cette analyse rétroactive me rappelle une autre histoire de patient, de nature totalement différente, mais qui peut permettre de comprendre les mécanismes profonds de la jalousie. Une femme, bourgeoise oisive, la quarantaine, était déprimée et anxieuse parce qu'elle avait des problèmes avec son mari, pas très en forme au lit. A cette époque – il y a une vingtaine d'années –, la mode était aux maisons « galantes », des hôtels particuliers où l'on organisait des « partouzes » (je ne vois pas quel autre terme employer) auxquelles participaient des prostituées de luxe, mais également des couples à la recherche d'expériences et de sensations nouvelles. Tout était organisé pour favoriser ce genre de rencontres : luxe discret, lumières tamisées, musique langoureuse, consommation de champagne ou de whisky pour étourdir un peu les têtes et laisser parler les corps. Ma patiente est donc invitée par un de ses amis à participer à cette réunion mondaine d'un type particulier. Un peu hésitante, elle se laisse convaincre pour tenter l'expérience. Pour surmonter sa « timidité », elle ingurgite force whiskies, se laisse progressivement contaminer par le climat de détente et de sensualité, et s'apprête à se dévêtir pour atteindre éventuellement (au moins) le septième ciel. Or, que se passe-t-il ? Au moment même où elle va s'allonger – voluptueusement, comme il se doit – sur un lit préparé à cet effet, passent devant elle, dans la pénombre, trois personnages complètement nus, deux hommes et une femme, qui devisent tranquillement, sur un ton froid et technique, des trajets qu'ils vont choisir pour retourner chez eux : « Par la Porte de Champerret, par le boulevard de Courcelles, moi je préfère la rue de Miromesnil, etc. » A l'écoute de ce discours introduisant brutalement la réalité la plus prosaïque, ma patiente reprend ses esprits et ses fringues, se rhabille et quitte l'établissement. A la fin de son récit, elle précise que le droit d'entrée était plus élevé que mes honoraires ! Je n'ai pas augmenté mes honoraires pour autant. Mais j'ai trouvé cette anecdote amusante et, surtout, mieux racontée par cette patiente que par ma propre relation. Cela ne m'a rien appris sur les voies insondables de l'accès au plaisir sexuel. Mais ce parallèle, lié à cette situation où un homme voit sa compagne faire l'amour avec un autre homme (ce qui peut être un fantasme érotique banal), est intéressant pour le problème qui nous occupe.

Dans les précis de psychiatrie, on distingue la jalousie normale, la jalousie pathologique, le délire de jalousie. Comme toujours, la pathologie grossit démesurément, parfois de façon caricaturale ou dramatique, ou les deux à la fois, ce qu'il est convenu d'appeler la normalité. La jalousie normale est donc *normale*. Il est « normal » d'être jaloux, modérément, lorsqu'on se trouve engagé dans une relation amoureuse. L'amour est un renfort narcissique important, il conforte la confiance en soi, l'*estime de soi*, il satisfait à de nombreuses nécessités, sexuelles et affectives. Aussi, la crainte de sa perte est à la proportion de l'importance qu'on lui accorde. Mais l'amour ne se « perd » pas comme une carte de crédit. Il y a toujours un rival ou une rivale à l'horizon.

Toute relation amoureuse reconstitue la situation « à

trois » de l'enfance. Bien que l'enfant ait la certitude *absolue* de l'amour à lui porté par ses parents, il souhaite implicitement *avoir la préférence*. La « préférence » ajoute un surplus d'absolu. L'enfant n'est pas en mesure, consciemment, de faire la différence entre l'amour que ses parents lui portent et celui qui les lie entre eux. Il a souvent le sentiment d'avoir à partager et, parfois, il s'insurge à sa façon contre ce « partage » qu'il considère comme injuste. L'évolution psychologique et affective de l'enfant consiste, précisément, à savoir distinguer ces différentes qualités de l'amour et, par conséquent, la différence de *nature* entre l'amour que se portent entre eux les parents et celui qui lui est consacré. Cette évolution, complexe et contradictoire, est corrélative de l'accès à l'autonomie et à l'indépendance de l'individu, ce qui ne va jamais de soi. Il persiste toujours, au fond de l'âme, cette nostalgie de la « préférence », souvent maîtrisable et sans effets marquants sur la vie affective adulte, d'autres fois plus vive, parasitant la vie adulte, dans le domaine affectif ou professionnel. La rivalité, l'esprit de compétition sont des constantes de l'existence humaine, surtout à notre époque : il faut qu'elles puissent être gérées sans dommage. La confiance en soi, l'estime de soi, c'est-à-dire l'amour de soi (ce que, dans notre jargon, nous appelons le *narcissisme*), sont des nécessités psychologiques capitales. Les jeux de la « préférence » et de la « rivalité » existent aussi dans la famille, entre les frères et sœurs, ainsi que dans cette grande famille que forment les patients du psychanalyste, dont chaque membre souhaite ou pense en son for intérieur être un patient privilégié. Ainsi, les jalousies sont toujours supportées par un enjeu à la fois affectif et narcissique.

L'« envie » n'est pas tout à fait la jalousie, bien qu'elle se situe également sur le terrain de la rivalité ; la différence des enjeux peut s'énoncer de la façon suivante : dans la « jalousie » on veut être à la place de… la personne jalousée; l'« envie », c'est avoir ce que la personne dont on est envieux est censée posséder. Il y a ainsi une différence fondamentale entre l'« avoir » et l'« être ». La jalousie fonctionne au niveau de l'« être ». L'« être » suppose une *identification* à la personne dont on souhaite prendre la place : « être comme » signifie prendre la place, *être à la place de...* Dans le langage courant, on confond souvent l'envie et la jalousie. Par exemple : être jaloux d'un collègue qui vient d'obtenir une promotion, c'est en quelque sorte envier son avancement.

La jalousie véritable est la jalousie amoureuse. C'est elle qui prend ce caractère excessif et dramatique dans le délire de jalousie. On voit l'importance de la problématique de la « préférence » et de la « rivalité » dans l'existence humaine, dès lors qu'il y a enjeu affectif ou sexuel. La jalousie prend toute sa dimension dans l'amour, où l'affectivité et la sexualité sont étroitement imbriquées, et l'on se rend compte que le passage de la jalousie dite normale à celle qu'on appelle « pathologique » est difficile à préciser. Dans le délire de jalousie, le caractère extravagant et la construction serrée du discours du jaloux, malgré sa cohérence, marquent bien la bascule dans la déraison. Le délirant jaloux déraisonne à partir d'un « raisonnement » à la fois rigoureux et absurde. Sa force de conviction (pour le malade) tient précisément à sa cohérence interne. La conviction délirante est inébranlable. Elle obéit à une nécessité interne impérative : le discours délirant est un système d'autodéfense contre la force d'une angoisse qui, restée à l'état « libre », serait insupportable et pourrait conduire le sujet, sous l'effet de cette souffrance psychique effroyable, à se donner la mort. Le délire de jalousie appartient à la série des constructions délirantes constitutives de la *structure paranoïaque*.

Le caractère paranoïaque s'exprime dans une rigidité psychique, le sentiment d'avoir toujours raison et, surtout, de subir éventuellement des avanies de la part de malveillants. Le discours paranoïaque est un discours cohérent, qui a tout l'air d'être vrai, mais qui est en dehors de la réalité. C'est ce que veut traduire le préfixe « para », qui signifie « à côté ». La pensée paranoïaque pense « juste », dans sa cohérence interne, mais elle est « à côté » de la pensée vraie, parce que son contenu de réalité est nul. Ainsi, dans le *délire de persécution*, le malade pense que son voisin lui veut du mal, cherche à lui nuire par toutes sortes de moyens – moyens « normaux » (par exemple l'empêcher d'avoir des clients pour son commerce) ou moyens « anormaux » (son voisin lui envoie du gaz pour l'asphyxier). Il entend même des voix proférer des menaces…

Un autre aspect des productions pathologiques de cette structure paranoïaque est l'érotomanie. Si le délire de jalousie est, le plus souvent, le fait des hommes, l'érotomanie, qui est une autre forme de construction délirante intéressante pour notre propos, concerne surtout les femmes. Imaginons une femme qui tombe amoureuse d'un personnage important à ses yeux (un médecin, un avocat, etc.) qui, à certains signes interprétés par elle de façon positive, lui rendrait son amour. Évidemment, il n'en est rien. Aussi, après une période d'amour idyllique, survient une période de dépit puis, très rapidement, d'agressivité, qui peut parfois conduire au passage à l'acte : par exemple, tirer un coup de revolver sur l'« objet » d'amour qui ne répond pas à cette passion.

Le délire de jalousie, le délire de persécution et l'érotomanie sont les trois « cas de figure » classiques liés à la structure paranoïaque. Ils sont très importants à connaître pour comprendre le fonctionnement profond de la jalousie commune. Leur dénominateur commun, qui supporte la logique de ces discours délirants, est l'*interprétation*.

Elle nous permet d'identifier le passage entre la jalousie « normale » et la jalousie « pathologique ».

Ainsi, d'une certaine manière, on peut avancer l'idée que, si la jalousie « normale » peut être relativement généralisée, la jalousie « pathologique » est surtout portée par le caractère paranoïaque. Ce caractère comporte la méfiance, la susceptibilité, une grande sensibilité relationnelle. Ce sont des sujets qui « font des histoires pour rien », qui peuvent facilement se fâcher avec leurs amis, parce qu'ils sont toujours exposés au sentiment d'avoir subi un préjudice, surtout affectif, de leur part. Ils sont parfois très difficiles à supporter pour les autres, mais également pour eux-mêmes, parce qu'ils sont en état de souffrance permanente. Ce sont, comme on dit, des « écorchés vifs ». Ils ont une aptitude presque géniale à manigancer, malgré eux, des situations de natures diverses, desquelles ils sortiront perdants et souffrants. La jalousie est, de ce fait, une situation privilégiée. Elle est riche en souffrance morale, se fonde sur des interprétations à la fois subtiles et saugrenues, met ses sujets constamment dans le doute quant à l'affection ou à l'amour qu'on peut leur porter. Ce sont des boulimiques de l'affectivité. Cependant, l'accumulation des marques d'intérêt ne leur apporte ni la sécurité ni la certitude dont ils ont besoin.

La psychologie de la jalousie est très complexe. La psychopathologie, qui grossit les traits, peut apporter quelques éléments de compréhension. De toutes façons, nous sommes en terrain mouvant, où la bascule du « normal » au « pathologique », et vice versa, est permanente.

Examinons la jalousie dite « normale », et commençons par avancer ce théorème un peu pessimiste : *aimer, c'est souffrir*. (Mais ne pas aimer, c'est se priver de grandes joies, indispensables à l'équilibre psychologique ; c'est être malheureux. D'ailleurs, est-il seulement possible de ne pas aimer ?) La souffrance, faite en quelque sorte sur mesure pour parasiter l'amour, est issue des affres et des questionnements provoqués par la jalousie. Le jaloux (ou la jalouse) passe son temps à se faire souffrir, à faire souffrir son partenaire et, d'une certaine manière, s'en trouve satisfait. C'est une façon de parler et, par ailleurs, nous frôlons ici la jalousie « pathologique ». La jalousie « normale », quant à elle, possède un caractère très particulier, à la fois frivole et douloureux, entre taquinerie et reproche, sincérité et provocation. « Est-ce que tu m'aimes ? » Telle est la question éternelle qui, à sa façon, est le préambule de tout discours amoureux. « Est-ce qu'il (ou elle) m'aime ? » est un autre questionnement, intérieur celui-là, qui thématise l'angoisse d'aimer. L'amour se construit et se mobilise autour de ces questionnements, puisqu'il est conflictuel dans son essence même.

Ce questionnement, n'oublions pas qu'il est double : il est la production de chacun des protagonistes de la relation amoureuse. La réponse à ce questionnement engage tout le mouvement de cette situation. Mais le questionnement lui-même comporte une ambiguïté constitutive, liée à la nature même de l'état amoureux. Si l'on pose la question : « Est-ce que tu m'aimes ? », on se trouve dans un embarras dont on est plus ou moins conscient. En effet, cette question met-elle en doute la sincérité de l'autre ? Est-elle porteuse de la force des sentiments du ou de la partenaire, auquel cas, si elle n'est pas posée, c'est le destinataire qui se sent lésé ou frustré ? Si l'on ne pose pas la question : « Est-ce que tu m'aimes ? », c'est qu'on est indifférent à la réponse, c'est-à-dire qu'on fait peu de cas de l'amour de l'autre et, corrélativement, l'amour qu'on est supposé lui porter perd de sa consistance. L'inquiétude s'infiltre ainsi dans les mailles de la relation amoureuse.

La jalousie « normale » est soutenue par la dynamique interne de cette inquiétude. Dans toute relation affective, à plus forte raison amoureuse, on est toujours trois : les deux protagonistes de la relation, plus un *tiers* fictif, abstrait, qui à la fois cautionne et met en danger la relation. Paradoxalement, la relation amoureuse, c'est-à-dire sexuelle, qui, *par nature*, se noue entre deux partenaires, n'a d'existence réelle qu'au prix de sa reconnaissance par une institution tierce. Le mariage, bien entendu, est l'institution officielle qui consacre, *aux yeux de tous*, le fait que Mademoiselle X et Monsieur Y ont engagé une relation amoureuse censée être au long cours. De même, le couple « concubin » s'inscrit dans une relation dont la signification n'est pas seulement liée à l'amour mutuel des deux partenaires, mais également à sa reconnaissance par des tiers, la famille par exemple, ou encore les grandes institutions sociales tutélaires : Sécurité sociale, Allocations familiales, etc. Contrairement à l'adage bien connu, les amoureux ne sont donc pas seuls au monde. Ils le sont pour eux-mêmes, enfermés dans leur subjectivité désirante, mais c'est là pure illusion.

Enfin, la relation sexuelle, le rapport sexuel, dont on pourrait penser qu'il n'y a rien de plus « naturel », qu'ils sont un fait de Nature, sont en réalité complètement transformés, subvertis par l'existence du psychisme humain. La relation « sexuelle » est simultanément communication psychologique, échange érotique, « ébats amoureux », etc. : rien à voir avec l'accouplement d'un chien et d'une chienne « en chaleur ». Dans ce dernier cas, c'est un pur montage instinctuel, une construction biologique, consécutifs à des rythmes hormonaux. Pour l'homme et la femme, la prédominance du psychique donne à la relation sexuelle une complexité extrême, parce qu'elle est portée par l'histoire des deux partenaires et leur insertion dans les diverses structures et institutions de vie sociale, avec les « valeurs » morales dont elles sont porteuses. Aussi, la triangulation se situe à des niveaux divers. Nous reviendrons plus loin sur la problématique œdipienne. Nous avons vu que les diverses institutions sociales fonctionnent comme instance tierce. Mais, en restant au niveau d'une psychologie empirique, on peut constater que la « tierce personne » est toujours un élément virtuel.

D'abord, les partenaires de la rencontre amoureuse ont chacun leur passé amoureux, affectif ou sexuel. Parfois, dans certaines situations particulières, ce passé s'installe entre les deux partenaires comme un fantôme, un revenant. (Par exemple un ancien amour déçu qui tourmente toujours le cœur et l'esprit du sujet, une rupture liée à un divorce, parfois même un deuil difficile à élaborer.) Dans la plupart des cas, ce sont toutes les possibilités, imaginaires ou pas, d'autres rencontres éventuelles, qui peuvent donner le sentiment d'avoir « raté sa vie ». Cette insatisfaction peut être le fait de sujets toujours en proie au doute, qui se rendent malheureux eux-mêmes et perturbent leur entourage. Il est évident qu'on ne peut jamais être assuré d'avoir fait le bon choix, d'avoir « tiré le bon numéro », d'être au plus près des nécessités intérieures qui guident la rencontre amoureuse.

Mais les situations les plus banales, les plus quotidiennes, tiennent au caractère sexué et sexuel qui trame tout groupe humain. La problématique qui en découle, très intéressante, très importante, mais très difficile à élucider malgré les apparences, concerne la jalousie « commune », à son niveau le plus superficiel et le plus quotidien. On a l'impression d'entrer dans des banalités; il s'agit en réalité d'une problématique fondamentale de l'existence humaine. En effet, qu'est-ce qui suscite ce mouvement de jalousie « ordinaire », qui s'énonce dans des formules d'une grande trivialité: « Tu as regardé la femme qui portait une jupe rouge », « Machin t'a fait du gringue, et tu as failli te laisser draguer », etc? Les mêmes phrases, à peine différentes, un haut-parleur gigantesque branché sur une ville en rapporterait d'innombrables qui formeraient une cacophonie affolante. Ce quotidien prosaïque et quelque peu ridicule est en fait porté par une *problématique narcissique*: l'autre, quel qu'il soit, est toujours un miroir nécessaire. Il ne suffit pas de se plaire (quand on est indulgent avec soi-même): seul le regard d'autrui fournit la sanction décisive.

Quand on parle des jeux de la séduction, qui animent tout groupe humain, on fait état d'une séduction *active*, portée par les discours habituels constitutifs de cette situation. Toute séduction pourrait être considérée comme active, dans la mesure où tous les artifices qui sont censés la produire font partie des gestes quotidiens: le maquillage, la nature des vêtements, la couleur de la cravate, etc., sont choisis à cet effet. Pourquoi faut-il absolument « plaire »? En quoi le fait de « plaire » apporte-t-il cette sécurité, cette certitude d'exister qui n'est jamais acquise spontanément? Le *sentiment d'identité* est ici en jeu; il est relatif à la représentation psychique que nous avons de notre propre corps, ce qu'on appelle, justement, l'*image du corps*. Il y a toute une pathologie du sentiment d'identité qui porte à penser qu'il n'est pas d'une acquisition facile, et nécessairement durable. Or, l'image de soi est surtout portée par le *visage*, et le premier regard de « reconnaissance », c'est-à-dire qui a reconnu l'existence de l'individu, c'est celui de la mère. De la même façon, les contacts physiques de la mère ont permis au corps, dans son entier, d'être perçu, progressivement, dans sa totalité.

La valeur de l'image de soi est corrélative de l'estime de soi, mais, en retour, elle la conditionne. Avoir confiance en soi est un atout important dans le processus de la séduction. A l'inverse, l'expérience de la séduction renforce la confiance en soi. Peut-on dire que la jalousie « commune » est une conséquence du manque de confiance en soi? Elle en est une des déterminations. L'incertitude quant à la capacité de plaire, le sentiment d'être laid, gauche, pas « intéressant », à tort ou à raison, rend plus précieuse la relation amoureuse, mais également plus fragile le lien à la personne aimée. Le rival ou la rivale est une virtualité toujours présente. Mais les idées d'autodépréciation ne conduisent pas nécessairement à des idées de jalousie. La jalousie « commune » contient en germe, en son principe, des éléments de « persécution ». Le jaloux (la jalouse) « persécute », *a minima*, l'être aimé, pour des raisons difficiles à comprendre au premier abord. L'expression « persécution » est trop forte, trop marquée et, à certains égards, préjuge du fonctionnement interne de la jalousie « commune ». Le discours de la jalousie possède un contenu de reproche, d'amertume, de rancœur : il est culpabilisant. Il exprime la souffrance du jaloux, mais, simultanément, il impute cette souffrance au partenaire. Une approche plus fine de la problématique de la séduction peut ouvrir quelques pistes.

Qu'est-ce que plaire ? La réponse est simple : c'est être apte à mobiliser le désir chez le (ou la) partenaire visé. Le problème de la « beauté » est trop complexe pour être abordé dans le cadre de ce travail. Notons, cependant, que les critères en sont relatifs à une société et à une époque historique données. Ainsi, les « signaux érotiques » sont variables, à la fois sur le plan collectif et au point de vue individuel. La femme est, en priorité, porteuse des « signaux érotiques ». Elle a le monopole de la « beauté », comme en témoigne l'ensemble des œuvres de création à elle dédiées : arts plastiques, roman, poésie, musique, etc. Les déterminations de cette situation particulière sont complexes. Ceux qui s'insurgent contre le fait qu'une publicité pour une savonnette ou un jus de fruit soit accompagnée d'une femme nue sont à la fois naïfs et ignorants. La notion de « femme objet » est purement polémique et, à certains égards, démagogique. (Notons, à ce sujet, que la différence entre un film érotique et un film pornographique est la suivante : dans le premier cas, les

« amants » miment la relation sexuelle, dans le second ils la pratiquent; l'élément de distinction essentiel est le pénis en érection. Curieusement, le signal spécifique du désir masculin est interdit de séjour, au regard de la loi. A vrai dire, c'est l'*expression du désir* qui, en réalité, est bannie. Aussi, que la femme soit dévêtue ou couverte des chevilles au menton n'est pas l'essentiel.)

L'examen de la nature de la jalousie nécessite de faire un détour par l'étude du statut sexuel spécifique de l'homme et de la femme. Qu'en est-il de la masculinité (ou virilité) et de la féminité? Sont-ils entièrement conditionnés socialement, historiquement et culturellement (éducation, rôle, image, etc.)? N'y a-t-il pas plutôt une *spécificité biologique* qui, dès le point de départ, a décidé du rapport entre les sexes, que l'évolution sociohistorique a contribué à accentuer et à stabiliser dans cette *dissymétrie originaire* porteuse de la culture phallocentriste?

Toute société (groupe humain) a besoin de produire pour survivre, et de se *reproduire* pour perpétuer l'espèce. Dans les sociétés très « primitives » (qui constituent en quelque sorte un modèle de compréhension concernant les « premiers âges » de l'humanité), la division du travail est *sexuelle*. La femme, peu mobile du fait des grossesses et des enfants, dont elle a la charge, s'adonne à la cueillette de certains tubercules. L'homme va à la chasse et protège le groupe humain contre les animaux prédateurs et d'éventuels ennemis. Le *sexe féminin*, du fait de la procréation et du *sang* menstruel, paraît mystérieux et dangereux. Il constitue pour l'homme l'équivalent d'une amputation de son sexe, c'est-à-dire la castration. Or, le *sexe masculin*, du fait de l'érection du pénis et de l'excitation psychique qui la provoque, lui paraît précieux, il lui donne un sentiment de puissance. Aussi les activités masculines sont-elles considérées comme plus « nobles », parce que libres et relativement détachées de la Nature, alors que celles de la femme (la maternité) sont marquées par leur assujettissement à la Nature. Ainsi, le sexe masculin devient le *symbole du pouvoir*, sous le nom de Phallus. La maternité, parfois incarnée dans la déesse de la Fécondité ou la déesse de la Vie, se retourne paradoxalement dans la symbolique de la déesse de la Mort.

L'homme « primitif » vit ses rapports à la Nature extérieure à partir des sensations et perceptions du travail de sa Nature intérieure, c'est-à-dire la sexualité. Ainsi, la femme, qui allume le désir, échauffe la tête et le corps, devient une créature dangereuse, incarnée durant toute une période historique dans la mythologie de la Sorcière. Il faut la maîtriser, la dominer, l'asservir. Ainsi, la femme est à la fois crainte et désirée. Et le corps de la femme, porteur en priorité des « signaux érotiques », devient le sujet de la sublimation pulsionnelle par l'intermédiaire des œuvres d'art. C'est ainsi que la femme accède au monopole de la « beauté » et que l'amour, notamment l'amour « courtois » des troubadours, se contente de chanter cette « beauté » et de hausser l'amour au plus fort de son idéalisation, en désir abstrait détaché de tout contexte charnel.

Revenons à la jalousie. Le détour historico-ethnologique permet de comprendre en quoi la « maman » et la « putain », le cliché passe-partout de la condition féminine, ne rend pas compte du fait que la femme est « putain » parce que « maman ». La « maman » et la « putain » ne sont pas seulement une seule et même *personne*, mais elles ont également une seule et même *fonction*, portée par les implications de la maternité. Ainsi, la jalousie « commune » plonge directement dans des déterminations sexuelles.

Le sujet peut se donner des justifications concernant ses propres aptitudes à plaire, s'entretenir dans un sentiment d'infériorité pour argumenter ses plaintes, les déterminations réelles de ses souffrances lui échappent. En effet, les idées de jalousie ne s'alimentent pas seulement au fait de penser subir un éventuel préjudice narcissique (« Je suis moche, ce n'est pas étonnant qu'elle regarde d'autres hommes »), mais leur dynamisme réel est lié à la *problématique même de la sexualité*. Parfois sous une forme triviale : « Mon pénis est trop petit, je ne peux la faire jouir » (pour un homme), « Mes seins sont trop plats, je ne peux l'exciter » (pour une femme).

En fait, on ne quitte pas le domaine du narcissisme. L'incertitude douloureuse qui entretient la jalousie « commune » est favorisée par le déficit narcissique que s'attribue le jaloux. Paradoxalement, on pourrait dire que le jaloux est trop « susceptible », il a l'« amour-propre » vulnérable. Ces formules sont intéressantes, parce qu'elles sont essentiellement descriptives (et non explicatives) et, surtout, parce qu'elles sont erronées. Le sujet jaloux n'a pas « trop » d'amour-propre, il n'en a pas assez, son « amour de soi » est déficitaire, sinon il ne serait pas aussi sensible à l'idée (plus ou moins justifiée) du risque de perdre l'amour de l'autre (la personne aimée). Voilà pour l'aspect narcissique de la jalousie. L'aspect sexuel (érotique) est en corrélation avec cette problématique narcissique. Quand on aime, on abandonne une partie de l'« amour de soi » au bénéfice du partenaire. Il en est de même pour le partenaire, si bien qu'au bout du compte l'équilibre narcissique est reconstitué. (Sauf dans l'amour « malheureux », la passion démesurée, où le sujet se dessaisit complètement de son être au profit de l'aimée : elle est tout, lui n'est plus rien.) Ce qui intrigue dans la jalousie, qu'elle soit « commune » ou « pathologique », voire dans le « délire de jalousie » qui constitue en quelque sorte la jalousie dans son essence libidinale (de plaisir), c'est sa fonction dans l'économie psychologique et affective du sujet. En d'autres termes, à quoi sert-il d'être jaloux ? Toute la recherche psychanalytique repose sur une démarche du « soupçon », consistant à ne pas croire l'autre sur parole. Même la souffrance la plus horrible comporte une fonction (inconsciente) qu'il s'agit de mettre au jour. Quels bénéfices affectifs, libidinaux, voire narcissiques, le sujet tire-t-il de la jalousie à son *insu*?

La jalousie « commune » est intermittente, par accès de courte durée, puis, progressivement, elle se désintègre. La jalousie « pathologique » est permanente, avec des accès aigus et violents, elle rend la vie insupportable aux deux partenaires du couple. Le délire de jalousie est un système structuré, rigide, fermé, qu'aucune argumentation ne peut atteindre. Quels sont les *dénominateurs communs* de ces trois « cas de figure » de la jalousie, qui sont tous trois très éloignés les uns des autres? Ils sont multiples: la souffrance du jaloux (et la souffrance réactionnelle de la victime), le caractère imprécis des « preuves », toutes fondées sur des *interprétations* qui, dans la jalousie pathologique, peuvent paraître cohérentes et crédibles, mais dont l'accumulation forcenée entame la crédibilité, tandis que dans le délire de jalousie la cohérence s'appuie sur un système logique, avec quelques dérapages qui permettent rapidement de faire le diagnostic.

L'interprétation consiste à fabriquer du *sens*, en mettant en relation des événements, des gestes, des paroles, etc., qui prennent signification dans l'esprit du jaloux, du fait de l'hypervigilance produite par son anxiété. « Tu lui as souri, et j'ai bien vu dans son regard que vous vous donniez rendez-vous »; « Hier soir, tu es sorti avec le pull en cachemire que je t'ai offert pour ton anniversaire; tu ne me feras pas croire que tu allais à une réunion de travail. » Le discours est ainsi construit selon une logique artificielle, mais avec une cohérence imparable qu'aucune argumentation ne peut fléchir. C'est la force de cette cohérence qui désarçonne la « victime », laquelle, en voulant se justifier, « s'expliquer », aggrave encore son cas. Le discours du jaloux est insatiable: il ne cherche qu'à s'enrichir de tous les arguments qu'il peut trouver, et que lui apporte en toute innocence la « victime », à bout de nerfs, par des « explications » risquant de plus en plus de « déraper ».

Le discours du jaloux est *polémique* dans son essence même : il cherche la « bagarre » pour être assuré de la réalité de son « infortune ». Ce ne sont pas les arguments de sa « victime » qui l'apaisent : sa violence tombe d'elle-même, à mesure que le « feu » intérieur ne trouve plus à s'auto-alimenter. Parce que la jalousie est une « histoire » entre le sujet et lui-même, c'est une « manigance » intra-subjective dont la nécessité comporte l'existence d'une « victime » extérieure.

Aussi est-il important de comprendre ce qui se passe dans la « tête » du jaloux, puisque tout est *dans* sa « tête », l'extérieur remplissant essentiellement la fonction de *support*. Toute réaction inhabituelle témoigne d'une surcharge d'anxiété. L'angoisse est constitutive de l'existence humaine, et tout être humain doit se trouver des moyens personnels de la gérer. Quand cette gestion est en faillite, on tombe dans la « pathologie » aux visages innombrables, parce que, paradoxalement, celle-ci est également une forme de gestion de l'angoisse visant à la rendre plus supportable. La « pathologie » est ainsi une forme de « compromis » entre le surplus d'angoisse et les systèmes d'autodéfense qui se mettent en place. La jalousie « commune » traduit un malaise intérieur qu'il est intéressant d'élucider, parce qu'il est à l'origine de toutes les autres formes de jalousie, dont le support est une forme d'organisation de la personnalité appelée « paranoïaque ».

Chaque sujet a une forme d'organisation de la personnalité, ce qu'on peut appeler vulgairement le « caractère ». La psychologie et la psychopathologie, en cherchant les éléments de similitude, les différences et les constantes, rangent tous ces éléments dans des ensembles appelés

« structures ». La « structure » (de la personnalité) indique des points de repère approximatifs, mais utiles pour la compréhension de la « psychologie » d'un être et, surtout, indispensables quand on veut engager une thérapeutique psychologique.

La psychanalyse, dans cette approche de la personnalité, utilise surtout l'étude des formes de défense contre l'angoisse. Pour la psychanalyse, l'angoisse est une forme de réponse à l'attaque interne de la pulsion (sexuelle ou agressive), qui ne peut obtenir satisfaction dans l'immédiat. Ce signal d'alarme permet le déclenchement intrapsychique des systèmes d'autodéfense. C'est ainsi que le « symptôme » est un compromis entre la pulsion (le désir) et le système d'autodéfense contre l'angoisse qui s'installe du fait de l'impossibilité de satisfaction de la pulsion. Cette procédure de compréhension nous sera utile pour l'examen des processus psychiques impliqués dans la jalousie. Soulignons qu'aucun être n'est complètement « ceci ou cela », les formes de « caractère » étant innombrables, à l'égal de la multitude des individus. Seule la « pathologie », fonctionnant comme un verre grossissant, révèle la structure interne et profonde d'un être. C'est, par approximation, à partir des aspects « anormaux » qu'on arrive à comprendre la « normalité », y compris dans ses petits désordres.

Le malaise intérieur qui se traduit par l'ensemble de manifestations appelé jalousie est lié à la nature même de la situation, c'est-à-dire le *lien amoureux*, dont on a vu combien la construction est complexe. Le lien amoureux habituel – l'hétérosexualité – se constitue nécessairement en prenant en charge la bisexualité inhérente à tout sujet humain, élevé par une mère et un père, et vivant dans un univers bisexué. L'équilibre habituel de la bisexualité se fait largement au bénéfice de l'hétérosexualité. Le « dosage » entre l'hétérosexualité manifeste et l'homosexualité latente est difficile, sinon impossible à faire. De plus, la part de « féminité » inscrite dans le psychisme d'un homme peut trouver à s'investir dans certaines caractéristiques de la personnalité : « sensibilité », « émotivité », tendances excessives à l'imagination, etc., toutes sortes d'assertions qui, au fond, ne veulent rien dire, sinon les qualifications de la « féminité » définies à une époque donnée. Le soin pris à l'habillement, la pratique de la culture physique, sont-ils des manifestations de la « féminité » ou de l'homosexualité latente ? Le rapport narcissique à soi-même – chercher à plaire et à se plaire – est-il l'expression de la « féminité » ? On soulève ici plus de questions qu'on ne règle de problèmes. Restons-en au postulat de la bisexualité pour en élucider les conséquences relatives aux déterminations psychologiques de la jalousie.

Un autre postulat, qui est d'ailleurs en étroite connexion avec celui qui vient d'être énoncé, est nécessaire pour connaître les fondements originaires de la situation de jalousie. On accuse souvent la psychanalyse d'accorder beaucoup d'importance à l'enfance. C'est une accusation juste, justifiée, et constamment vérifiée par les faits de la vie quotidienne et par la clinique. Mais en réalité, l'enfance, telle que peuvent la relater les parents, ou ce qui peut en rester dans les souvenirs, ne compte pas tant que l'*infantile*, c'est-à-dire l'intériorisation de cette enfance dans la constitution du psychisme, dont une bonne partie n'est pas toujours récupérable par la remémorisation, et auquel seul le procédé d'investigation psychanalytique permet l'accès.

Le modèle originaire de la situation de jalousie est constitué par la *configuration œdipienne*, schématiquement résumée comme suit : l'attrait pour le parent de sexe opposé et l'hostilité pour le parent de même sexe. Nous avons dit plus haut combien la réalité est plus complexe.

Mais ce schéma, dans sa simplicité même, peut être utilisé pour comprendre les mécanismes de la jalousie, dans la mesure où celle-ci, la jalousie actuelle, emprunte une bonne partie de ses traits et de ses déterminations à cet état de jalousie originaire. On peut même affirmer que la jalousie actuelle est issue d'une mauvaise « digestion » de cette jalousie ancienne.

Comment s'opère cette « digestion », et pour quels résultats? Là est le problème: pour le garçon, comme pour la fille, cela consiste en la régulation de la position par rapport au père. On pourrait croire qu'il s'agit d'un problème de « culture », d'« institution », de « société », d'« histoire »; c'est en fait un problème de nature. La mère porte (en général) l'enfant dans son ventre: la maternité est une certitude, l'enfant connaît sa mère par les sens. Le père est une conjecture, une pure supposition, on sait bien qu'il existe, mais cette existence, pour l'enfant, n'est pas d'emblée évidente. Ce qui donne au « père » un statut particulier: à la limite, il n'existe que par son nom. Or, le nom est un tenant-lieu, il vient signaler « la place de », il est un symbole. La plupart du temps, l'existence physique du père n'est pas niable. Dans certains cas, cependant, par exemple celui des mères célibataires, il ne peut exister que dans le discours de la mère, parce que la mère « en parle ». Mais simplifions les choses, prenons le cas le plus fréquent en admettant l'existence physique du père. Dans les cas simples, pour le *garçon*, la jalousie-compétition-rivalité se ferait par rapport au *père*, pour la *fille* par rapport à la *mère*. Mais cela ne résout pas notre question de fond: comment s'opère la « digestion » de cette situation de jalousie, comment et dans quelles conditions cette « digestion » ne s'opère-t-elle pas, ou mal?

La jalousie existe toujours à l'état latent, dans toutes les circonstances de la vie. Mais c'est la jalousie amoureuse qui intéresse notre propos. Ajoutons que la capacité à affronter la rivalité ou la compétition exige, précisément, que le problème de la jalousie soit résolu. Remarquons combien l'ensemble « jalousie-compétition-rivalité » est étrange : en effet, *« prendre la place de »*, c'est *« être comme »*, c'est-à-dire *« s'identifier à »*.

Ainsi, par exemple, la rivalité avec le père contient virtuellement l'identification au père. Or, cette identification est nécessaire comme point de départ de l'identité masculine du garçon. La fille, elle aussi, doit se situer par rapport à son père. Elle « aime » son père, elle est « jalouse » de sa mère et voudrait prendre sa place. Par le processus du *« être à la place »*, *« être comme »*, elle va *s'identifier* à sa mère. Mais, par ailleurs, son amour pour son père fait qu'elle s'identifie en partie à lui. Ainsi, elle intériorise un peu de « masculinité ». Le garçon, parfois, pour économiser la « rivalité » avec le père, peut prendre une attitude passive envers lui ; l'amour pour sa mère l'aide à s'identifier en partie à elle et donc à intérioriser un peu de « féminité ».

Notons que le premier « objet » d'amour, pour le garçon comme pour la fille, est la mère. C'est l'équilibre entre la mère et le père dans le couple parental qui décide de l'équilibre des identifications. Le garçon trop « attaché » à sa « mère » ou bien soumis à son emprise du fait de la possessivité de celle-ci peut, très tôt dans son développement, s'arrêter à l'homosexualité. Une attitude « terroriste » (réelle ou imaginaire) du père peut favoriser une attitude passive, sous une autre forme. Par conséquent le « choix d'objet » pour le garçon, c'est-à-dire le choix de son objet d'amour, qui consiste à passer de la « mère » à une autre femme, est moins simple qu'on ne le croit. Pour la fille, son premier attachement à la mère doit progressivement céder la place à l'amour pour le père, qui peut devenir le modèle de son premier objet d'amour hétérosexuel. Ainsi, la constitution bisexuelle de l'être humain rend parfois l'hétérosexualité plus ou moins stable, pour le garçon comme pour la fille. Dans le cas d'une homosexualité avérée, le choix d'objet, qui se fait sur le mode soit *actif* soit *passif*, rend également le couple homosexuel instable et conflictuel. La jalousie n'en est pas absente, loin de là.

Tout le développement psychosexuel du sujet humain se fait donc toujours sur une base triangulaire, avec l'existence virtuelle d'un (ou d'une) rival, et cette rivalité implicite constitue le fondement inévitable de la jalousie. La jalousie est originaire, c'est-à-dire qu'elle trouve son origine dès l'existence du sujet humain. Le mode premier, le plus primitif, en est *la crainte de la perte d'amour*. Celle-ci est permanente, constante, plus ou moins incisive ou aiguë. Lorsque cette peur de la perte d'amour n'a pas été surmontée, elle parasite la vie du couple, et la jalousie trouve facilement à s'alimenter et à se renforcer à partir d'autres mécanismes, plus complexes et plus subtils.

Pour comprendre ces mécanismes de la jalousie, il faut bien avoir à l'esprit cette notion relative aux parents : ils sont à la fois « objets d'amour » et « modèles », et c'est parce qu'ils sont « objets d'amour » qu'ils sont des « modèles ». L'identification est ainsi la première forme et la première conséquence de l'attachement affectif. Le petit garçon peut se dire (ou dire) : « Plus tard, je serai comme mon père », et la petite fille : « Plus tard, je serai comme ma mère. » Mais ce « plus tard » énoncé consciemment est supporté par un autre discours, inconscient, c'est-à-dire qui se tient *à l'insu* du sujet, que l'observation courante permet néanmoins de repérer. Le « plus tard », conscient, prend racine dans un « maintenant » inconscient.

On voit ainsi le comportement ambivalent, c'est-à-dire contradictoire, des enfants âgés de quatre ou cinq ans environ à l'égard de leurs parents. Le garçon se rapproche de sa mère (« Plus tard, quand je serai grand, je me marierai avec toi ») et cherche à se « bagarrer » avec son père pour mesurer ses forces, mais dans un jeu dont il ignore les règles. La petite fille devient une « inconditionnelle » de son père et tient à l'égard de sa mère des propos parfois désagréables : « Ta coiffure est moche », « Ta robe n'est pas jolie », puis elle ajoute : « J'en voudrais une comme toi. » La vie des enfants (et de l'être humain en général) est ainsi constamment soumise à ces conflits, nécessaires, structurants, qui font grandir et évoluer, donnent progressivement accès à la *maturité*, mais dont les *traces* sont toujours plus ou moins actives.

La force souvent dramatique de la jalousie (qui peut, il faut le rappeler, conduire au « crime passionnel ») est puisée dans l'énergie qui alimente ces conflits infantiles, et dont on a du mal à imaginer la puissance. « Quand papa sera mort, je serai dans le même lit que toi » : mot commun du petit garçon. L'agressivité en semble amortie, mais elle est toujours là, en réserve, prête à éclater. « Si papa crie encore après toi, je le tuerai », peut aussi dire le petit garçon, qui comprend mal ce qui se passe entre ses parents, sauf que « papa crie après maman ». La petite fille, elle, est toujours à dire ou à faire le contraire de ce que lui demande sa mère : « Quand papa va rentrer, je lui demanderai de m'acheter la poupée » (que la mère a refusé d'offrir). Ces exemples sont multiples et parfois compliqués à repérer, parce que la tendresse et l'amour pour le parent du même sexe cœxistent avec la jalousie et les sentiments de rivalité et d'agressivité. Cette cœxistence est difficile à gérer. Ce sont, souvent, les difficultés de cette gestion qui conduisent aux difficultés psychologiques ou à certaines formes de troubles psychiques.

C'est sur la base de ces conflits infantiles, nécessaires, inévitables, et des processus complexes de l'identification, que l'on peut comprendre comment la jalousie se constitue du fait de l'équilibre instable entre hétérosexualité et bisexualité. La bisexualité a pour conséquence l'existence inévitable d'une *dimension homosexuelle* chez tout être humain, du fait que l'attachement affectif au parent du même sexe se fait à partir d'éléments d'identification. Le parent du même sexe est, certes, rival, mais, d'une certaine manière, il possède des éléments auxquels s'identifier. « Mon père, il est un chef », dira le garçon. « Ma mère a de beaux cheveux », dira la fillette. Ces expressions, formulées durant la petite et moyenne enfance, sont le fruit d'un long processus d'élaboration. Les parents sont ainsi, indissolublement, modèle et rival, parce que, avant tout, objets d'amour.

L'homosexualité, corrélative de la bisexualité, est dite « latente », « refoulée », parce qu'elle n'a pas d'expression sexuelle. Parfois, il y a les expériences rudimentaires de l'adolescence, ou les amitiés passionnées de la post-adolescence. En fait, l'homosexualité « latente » s'exprime surtout dans l'amitié qui, souvent, a ce même caractère d'attraction irrationnelle tellement active dans l'amour. Ici aussi, il y a une certaine indulgence pour les « défauts » de l'ami, et c'est l'expérience concrète au long cours qui confirme cette amitié, par une argumentation plus rationnelle, ou, au contraire, qui la fait se désagréger dès lors qu'elle a épuisé ses nécessités affectives. Notons, parce que c'est une notion importante, que les amitiés profondes se forment surtout dans la jeunesse, durant les études, l'apprentissage professionnel, à la faculté, au service militaire, etc., c'est-à-dire durant une période de grande disponibilité psychologique et affective et de recherche de soi. De même que l'amour, une amitié de qualité permet de se découvrir et d'approfondir la connaissance de soi.

Aussi la notion d'homosexualité « latente » n'a-t-elle rien de scandaleux. Elle permet de pointer la complexité des sentiments et la diversité des contradictions qui les animent. Elle permet surtout de comprendre le caractère finalement paradoxal de la jalousie, qui consiste surtout à faire son propre malheur, celui de l'être aimé et, par contagion, celui de son entourage. En effet, la « crise » de jalousie, qui pourrait apparaître comme un moyen de se « ré-assurer » pour se confirmer le fait d'être aimé, se conforter dans l'amour de l'être aimé, fonctionne exactement à l'inverse. Même à petites doses, le discours jaloux est « persécutif », il est sous-tendu par une agressivité retenue, qui traduit la souffrance du jaloux et vise à faire souffrir la « victime ». Alors, à quoi sert la jalousie?

Pour certains, le système de la jalousie aurait pour fonction de permettre au sujet de satisfaire indirectement son désir (inconscient) de « tromper » sa partenaire en lui attribuant à elle, ce même désir. C'est une vision superficielle des choses: quand on a vraiment le désir de faire une expérience « extraconjugale », et si l'occasion s'en présente, on ne s'embarrasse pas de scrupules ou d'états d'âme superfétatoires. Seule l'éthique personnelle, la morale qu'on s'est donnée, fondée sur le respect mutuel et la solidarité, peut éventuellement permettre d'adopter clairement une position négative à cette occasion. Ce n'est pas pour autant que ce désir de circonstance se déplace sur la partenaire en lui attribuant notre propre désir « refoulé ».

La jalousie obéit à des déterminations psychologiques complexes, qui tiennent compte de la *dimension sexuelle* impliquée dans ce mouvement, puisque la « jalousie amoureuse » concerne une situation où l'affectivité et la sexualité sont étroitement imbriquées. L'examen des déterminations psychiques de la jalousie doit aussi prendre en charge la *dimension pulsionnelle* de la sexualité, en tant que la « pulsion » est une « force » qui travaille le sujet de l'intérieur, et que le *désir*, qui est la forme psychologiquement élaborée de la « pulsion », peut aussi bien se satisfaire dans le *passage à l'acte* sexuel que dans une organisation fantasmatique qui tient lieu de satisfaction.

Ainsi, que se passe-t-il dans le mouvement de jalousie qui se trouve donc propulsé par cette dynamique complexe où pulsion, désir, fantasme tiennent chacun une place particulière, qui leur est assignée par la nature même de la jalousie? On peut énoncer les éléments de cette situation dans les termes suivants: « Quelqu'un aime quelqu'un et pense que ce quelqu'un aime quelqu'un d'autre. » Et le lui reproche: parce que, sans le discours et son contenu spécifique, il n'y a, pour ainsi dire, pas de jalousie. On peut être « rongé » par la jalousie sans l'exprimer. Ça ne dure pas, ça ne peut pas durer, parce qu'il s'agit d'un sentiment trop puissant: tôt ou tard il devra s'exprimer.

Décrire la situation de jalousie comme on le fait, par la psychologie, est une chose. En élucider les mécanismes en est une autre. Seule la psychanalyse permet de *comprendre* les déterminations complexes de la jalousie. La jalousie, quelle qu'en soit la forme, se déploie selon une *structure triangulaire*, qui *répète* la situation œdipienne. C'est dans le cadre de la structure familiale que l'enfant fait l'« apprentissage » de la vie affective et sexuelle. C'est là qu'il a expérimenté les sentiments de jalousie, dans ce même contexte qu'il a connu la relation de rivalité. Ainsi, tout recommence et tout se répète, mais d'une façon beaucoup plus complexe et plus névralgique. L'enfance est une situation où, malgré tout, on se trouve protégé et, plus ou moins, compris. La vie adulte, elle, se vit « sans filet ».

La « jalousie amoureuse » concerne, d'une part, l'« objet » d'amour – la femme aimée par un homme – et, d'autre part, un supposé rival. La femme aimée est censée être attirée par un autre homme. (Cela peut arriver, mais on se trouve alors *au-delà* de la jalousie.) Comment l'homme amoureux peut-il se mettre dans la tête que la femme qu'il aime, en fait, aime un autre homme, de telle sorte qu'il la « persécute », l'accable de questions, l'accuse de toutes sortes de mensonges, peut aller parfois jusqu'à la frapper, tant son inquiétude mobilise de violence en lui ? D'où lui vient cette conviction, et d'où vient cette énergie inépuisable qu'il met à faire souffrir l'être aimé, et, par ce même mouvement, lui-même ?

Si l'on se rapporte à la situation triangulaire originaire, on se dit que cette jalousie « adulte » est la forme infiniment démesurée de la jalousie « infantile ». On se trouve *presque* sur la voie de la vérité. La « mécanique » réelle est plus subtile. L'adulte, enfant, n'a pas surmonté la rivalité avec son père, du fait d'un fort attachement à sa mère. Par identification à sa mère, il veut devenir l'« objet » d'amour de son père. Il prend ainsi une position passive, « féminine », « homosexuelle » en quelque sorte. C'est une des formes du processus d'intégration de la bisexualité. Comment s'opère cette mauvaise « digestion » de la situation œdipienne, dont les résidus vont ressurgir dans la constitution de la jalousie adulte ? L'équilibre psychologique entre la mère et le père paraît ici décisif. Ces mères possessives, tyranniques, autoritaires, disputent, plus ou moins consciemment, l'autorité du père. Ces femmes « phalliques », qui entendent avoir le pouvoir dans le ménage, qui « portent la culotte », comme on le dit trivialement, fragilisent sans le savoir l'accès à l'identité masculine de leur garçon. Ainsi, la dimension « homosexuelle » latente cherche une occasion pour s'exprimer, indirectement. La jalousie en est une des formes.

La situation de jalousie pourrait donc s'énoncer de la façon suivante dans le discours inconscient du jaloux : « *Lui* (c'est-à-dire l'autre homme), ce n'est pas moi qui l'aime, mais elle. » De ce fait, c'est l'« homosexualité refoulée » qui donne son « énergie » à la force du sentiment de jalousie. Tel est le fonctionnement de la structure paranoïaque. Le délire de persécution fonctionne, sur ce même registre, de la façon suivante, à partir de l'« homosexualité refoulée » : « Moi, un homme, je l'aime, lui, un homme. » Cet énoncé est alors renversé : « Je ne l'aime pas, je le hais. » Cette seconde proposition est aussi renversée par le mécanisme de la « projection », qui consiste à attribuer à un autre ses propres sentiments, et cela devient : « Je ne le hais pas, mais c'est lui qui me hait. » Une autre transformation concerne le délire érotomaniaque (quand il s'agit d'un homme), toujours en deux temps : « Ce n'est pas lui que j'aime, c'est elle » (« refus » de l'homosexualité). Retournement de cette proposition : « C'est elle qui m'aime. » L'érotomanie consiste à attribuer à un sujet, une femme pour un homme, un homme pour une femme, des sentiments d'amour qui n'existent pas, mais auxquels le sujet croit « dur comme fer », avec parfois des conséquences dramatiques quand ce qui est vécu comme un refus de l'amour présumé partagé conduit au passage à l'acte. Ce qui est très différent du crime passionnel, où l'amour a véritablement existé entre les deux partenaires, dont l'un, pour des raisons diverses, se désengage, la souffrance inouïe ainsi produite conduisant le sujet lésé aux pires excès.

Ainsi, la formule classique du délire de jalousie est la suivante : « Ce n'est pas moi qui aime un homme, c'est elle. » Le délire est caractérisé par sa rigidité et l'impossibilité absolue pour le malade d'en faire la critique puisque, pour lui, les preuves abondent autant qu'il le souhaite. Dans la « jalousie pathologique », c'est le même système qui fonctionne, mais *a minima*, parfois avec des accès de violence, parfois aussi avec impossibilité d'autocritique. Souvent, la conviction est tellement forte, organisée dans un ensemble de « preuves » apparemment crédibles, que le praticien a beaucoup de difficultés pour éclairer sa lanterne.

Je me souviens d'un couple venu me consulter pour des problèmes conjugaux dans le cadre d'une thérapie de couple. Très vite, il est apparu que ces problèmes étaient liés à des idées de jalousie, extrêmement virulentes, de la part de la femme. La situation était tellement confuse et complexe que je reste, encore maintenant, dans une curieuse perplexité. La femme était une personne d'un abord apparemment facile, très coopérante. Son origine était modeste. Son père était mort quand elle était toute petite fille. Par son énergie et son travail, elle avait bénéficié d'une relative promotion dans son activité professionnelle. Le mari était d'un aspect tout à fait sympathique, peut-être trop ; il avait travaillé comme responsable dans des organisations associatives. L'un et l'autre étaient de récents retraités. Mais au lieu de « couler des jours heureux », selon l'expression consacrée, leur vie était empoisonnée par des reproches incessants à caractère *rétroactif* de la femme au mari, concernant son comportement auprès de jeunes femmes qui travaillaient avec lui dans le même organisme. Elle demandait sans cesse à son mari de reconstituer son emploi du temps, à propos d'événements qui s'étaient produits plusieurs années auparavant et *interprétés* par elle comme étant la preuve des infidélités de son époux. Le caractère répétitif, de plus en plus violent, de ces « scènes » a conduit ce couple à la séparation.

J'ai essayé de reconstituer les différents éléments biographiques et psychologiques du couple pour comprendre cette situation. La mort prématurée du père a produit chez cette femme un choc psychologique important (vérité de La Palice). Ce que l'on sait moins, c'est que le tout jeune enfant n'arrive pas toujours à élaborer un deuil, faute d'avoir compris le sens exact de la mort. Il vit ainsi le départ du parent comme un abandon. C'était le cas de cette patiente qui, me semble-t-il, pour supporter cette situation douloureuse, a entretenu une haine de plus en plus aiguë des hommes, et une méfiance encore plus forte.

Son époux, travaillant avec des femmes dans un milieu très convivial, nouait des amitiés, des sympathies et, sans doute, faisait le « coq » dans ce milieu quasi exclusivement féminin. Entre jouer les charmeurs et commettre des infidélités, il y a un pas, un très grand pas, et je ne pense pas que cet homme l'ait franchi. Cependant, il me semble que ces jeux de la séduction, innocents en quelque sorte, mais gratifiants du point de vue de l'amour-propre masculin, aient été mal supportés par l'épouse, une femme austère et peu encline au badinage. Ses idées de jalousie se sont installées progressivement, elle les a entretenues et fait fructifier et, en persécutant son mari, elle se *vengeait* de l'abandon de son père. C'est ce que j'ai essayé de lui faire comprendre, sans entrer plus profondément dans une exploration psychanalytique. Mais en vain. Pour survivre, il lui fallait cette haine, et ni les satisfactions liées à son métier ni celles relatives à la vie familiale (enfants et petits-enfants) ne pouvaient compenser ce *préjudice* irréparable de sa petite enfance.

Ainsi vont les sentiments. L'amour peut, progressivement, se changer en haine : l'agressivité, faute de pouvoir s'exprimer au quotidien et se métaboliser dans les petites disputes conjugales sans lendemain, se cristallise en idées de jalousie sur la base d'interprétations d'apparence cohérente et crédible. De ce fait, cette femme peut se justifier, sans trop de culpabilité, et s'installer dans un système de persécution qui prend la place du dialogue conjugal.

Les sentiments sont toujours *ambivalents* et se présentent sans cesse de diverses façons. L'être humain n'est pas un « saint » et, d'ailleurs, les hommes ou les femmes tentés par la « sainteté » sont *a priori* suspects.

En fait, le fond du problème est complexe. La vie affective et sexuelle se traduit, entre autres, par les sentiments et le désir. Mais, parallèlement à ces manifestations relativement repérables, existent d'autres éléments, de nature fantasmatique, c'est-à-dire des scénarios imaginaires qui, plus ou moins à l'insu du sujet, dictent sa conduite. Les idées de jalousie se construisent sur la base de ces scénarios imaginaires, mais ces bases ont un caractère paradoxal. Habituellement, la fonction de la vie imaginaire et fantasmatique est de réguler la violence pulsionnelle. Dans d'autres conditions, comme c'est le cas pour les idées de jalousie, cette violence est détournée et entretenue par la conduite persécutive du sujet jaloux à l'égard de sa « victime ». Il fait son propre malheur et celui de son (ou sa) partenaire.

Dans la vie amoureuse, les éléments fantasmatiques et imaginaires sont, la plupart du temps, au service du « plaisir » ou du « bonheur » – éventuellement – des amants (qui peuvent également être des conjoints de la vie conjugale, l'un n'empêche pas l'autre!). Dans le système de la jalousie, le « dérapage » de la vie imaginaire, c'est-à-dire son *déficit*, laisse planer une confusion entre fantasme et réalité, et laisse s'infiltrer la violence dans les rapports du couple.

Ainsi, les mille et un détours de l'amour restent toujours imprévisibles.

En guise de non-conclusion :

L'amour est l'avenir du couple

Nous voici arrivés en fin de parcours, avec une question d'apparence paradoxale. L'amour est-il l'avenir du couple ? Oui et non. En effet, quel autre lien, à part l'amour, pourrait fonder le couple et, éventuellement, l'entretenir dans la durée ? L'expérience du plaisir partagé, le compagnonnage affectueux, la tendresse et le respect mutuels, une sympathie réciproque, c'est-à-dire un désir réel de se comprendre mutuellement, peuvent à la fois entretenir la communication sexuelle et, en retour, s'en nourrir.

Est-ce suffisant ? Le couple n'est pas une entité abstraite, hors du temps, hors de l'espace. Il subit les contrecoups de l'Histoire, et les retombées des évolutions idéologiques. On sent que la crise actuelle, socio-économique dans ses aspects, est également une crise de civilisation, c'est-à-dire un moment de fracture de l'Histoire, où d'autres formes de rapports amoureux se cherchent, sans toujours faire la preuve de leur nouveauté et, surtout, de leur efficience. On pourrait énoncer deux propositions complètement contradictoires, d'abord que « le couple a fait son temps », ensuite que « le couple n'a pas encore eu toutes ses chances ni toutes les conditions socioculturelles pour faire ses preuves ».

Tout d'abord, il faut considérer les âges du couple. Entre le jeune couple de la rencontre amoureuse, pour lequel l'horizon est ouvert, et celui qui, au fil des ans, s'approche de l'instant où l'horizon n'est plus qu'un trou noir, la route est sinueuse, plus ou moins longue, mais toujours marquée d'obstacles. Passer du couple à la famille, c'est-à-dire à la présence des enfants, est déjà une première étape importante. Ainsi, diverses étapes dans la vie du couple concourent à des réajustements spontanés ou à des crises aux conséquences diverses. La survenue des enfants transforme les partenaires du couple en « parents ». C'est une sorte de « promotion » psychologique. En même temps, si l'évolution psychologique ne se fait pas en parallèle, mais de façon plus ou moins divergente, on s'achemine vers la séparation, c'est-à-dire la rupture du couple. Ainsi, de nombreux couples mariés à l'âge de vingt ou vingt-cinq ans sont amenés au divorce au terme d'une dizaine d'années, ce qui conduit à la reconstitution de nouveaux couples, où le rapport aux enfants de l'ancienne famille n'est pas toujours évident. Je prends un exemple extrême. Une de mes patientes vit avec un jeune homme, séparé de sa femme, à qui la garde de leur fillette (sept ou huit ans) est confiée à intervalles réguliers. Or, cette jeune femme est « jalouse » de la fillette. Elle se trouve dans une situation paradoxale qui, pour une part, explique sa « jalousie ». Tantôt elle s'identifie à la fillette : elles sont alors deux « sœurs » en compétition pour avoir l'amour de leur père. Tantôt elle assimile la fillette à une « femme », qui devient alors une rivale. Cela tient bien entendu à l'immaturité de cette jeune patiente. Et à d'autres problèmes encore, trop compliqués à développer.

L'époque actuelle est précisément marquée par cette remise en question des évidences, parce que les références morales ou religieuses ont perdu de leur efficacité. En outre, on recherche dans l'amour le bonheur que celui-ci, à lui seul, ne peut pas apporter. Bien qu'il en soit la base essentielle. Il y a donc de nouvelles exigences, qui demandent aux partenaires du couple beaucoup de perspicacité.

Le développement du « concubinage » est également un phénomène de société, et de notre temps. Comment l'interpréter ? Est-ce le mariage, en tant qu'institution, qui se trouve dévalorisé ? Rien de moins sûr, puisque beaucoup de couples, au bout de plusieurs années de « concubinage », passent devant monsieur le maire (et parfois aussi devant monsieur le curé).

L'incertitude de notre époque, liée à la crise économique, infiltre sournoisement celle des cœurs, qui est toujours présente lors de la formation du couple. Outre une chute des valeurs traditionnelles, ce sont également les images traditionnelles de l'homme et de la femme qui sont remises en question. Peut-on dire que le phallocentrisme bat de l'aile ? Non. C'est une structure du rapport homme-femme qui dure depuis les débuts de l'histoire humaine. En revanche, il subit une sorte de réaménagement. Les femmes ne sont plus des inconditionnelles béates de leur compagnon. Depuis que je pratique ce métier singulier qui consiste à sonder les âmes et les cœurs, j'ai souvent été étonné, voire agacé, par l'admiration aveugle de certaines femmes pour leur compagnon (que je ne connaissais pas, puisque c'était la femme, pour des raisons diverses, qui était ma patiente). En outre, souvent, il existait une sorte de résignation devant l'esprit phallocratique de leur mari. Il me semble que depuis les événements de mai 1968, avec le développement des mouvements féministes, les choses ont progressivement évolué. Mais je ne suis pas dans le lit de tous ces couples pour savoir ce qui s'y passe. Je n'ai que des témoignages, en quelque sorte indirects, dans le discours de mes patients et de mes patientes.

Les complexités de fond demeurent, encore plus accusées. Finalement, dans la vie de couple, les références dernières (et souvent inconscientes) sont liées à l'histoire des sujets, c'est-à-dire à celle de leurs propres parents. L'histoire en amont, celle des parents, parfois celle des grands-parents, conditionne les événements en aval. Il y a des femmes qui ne peuvent se dégager d'une idéalisation à outrance de leur père. Il y a des hommes que des mères tyranniques et castratrices ont transformés en victimes potentielles de futures compagnes tout aussi tyranniques et castratrices.

Parfois, dans certaines conditions très particulières, mais très intéressantes à évoquer, le rapport mère-fils produit des situations à hauts risques. Certaines de ces mères, déçues (à tort ou à raison) par un mari qu'elles jugent « faible », reportent sur leur fils leur désir de puissance. il faut que celui-ci devienne leur « phallus », le représentant, l'instrument de leur pouvoir. Cela peut donner des hommes hardis et entreprenants. Mais, le plus souvent, malheureux en amour. Lorsque Freud affirme que celui qui sait conquérir une femme saura aussi être un conquérant dans la vie sociale, il énonce une moitié de vérité. En effet, le rapport de ces hommes avec leur mère « phallique », c'est-à-dire avide de pouvoir, est un rapport empoisonné. L'amour de la mère, au lieu d'être inconditionnel, devient conditionnel. Au lieu d'être acquis de droit, du fait de la naissance, il est à gagner, à acquérir, en obéissant au désir maternel. De ce fait, la « mère » s'efface en tant que telle, et fonctionne comme un juge, un tribunal, qui décide du bien et du mal, du juste et du faux, ce qui donne au garçon le sentiment d'avoir une mission impossible à accomplir. Quoi qu'il fasse, cela ne sera jamais suffisant pour satisfaire le désir insatiable de cette

« mère » mante religieuse. De ce fait, ces hommes sont toujours souffrants et malheureux, quelle que soit leur « réussite » sociale. Ils sont toujours à la recherche d'une « mère » *idéale*, qui leur apporterait la *sécurité affective* que leur mère ne leur a pas donnée. Ils sont ainsi pris dans une contradiction insoluble : rechercher la « mère » en toute femme, vivre dans la peur de ne pas être aimé s'ils rencontrent une femme qui leur plaît et qu'ils aiment. Ils doivent faire preuve de suffisamment de lucidité pour comprendre combien leur problématique est insoluble.

Une situation symétrique peut se retrouver chez une femme. Une de mes patientes a épousé un ami d'enfance alors qu'ils n'avaient pas, l'un et l'autre, vingt ans. Elle recherchait auprès de lui une « image paternelle » qui lui avait manqué, du fait du décès prématuré de son père. L'un et l'autre étaient des personnes évoluées et cultivées. Ce couple a fonctionné ainsi de nombreuses années. Puis, l'homme a rencontré une autre femme. A cette même période, cette patiente est venue me consulter. Elle souffrait beaucoup de la liaison de son mari qui, lui-même très attaché à sa femme, restait dans une incertitude douloureuse. Mais l'« autre femme », celle de la liaison, exigeait une situation claire et nette. Le mari a tranché en sa faveur. Pourquoi ? Parce que son mode d'investissement dans son couple n'avait pas ce caractère massif et *illimité*, constitutif de celui de son épouse. Peut-être est-ce même ce sentiment d'impuissance à satisfaire la demande affective de sa compagne qui, progressivement, a miné sa relation conjugale, et a suscité ce désinvestissement progressif qui lui a permis de reconstituer un autre couple.

Dans ces situations de demande affective intense, illimitée, qui donnent le vertige, il me semble que les hommes et les femmes ne sont pas à égalité. Les femmes, je le pense, arrivent facilement à être « mères » : leur « fibre maternelle » peut se réajuster pour faire face à la situation de demandes affectives insondables. Les hommes sont moins facilement « paternels » qu'on pourrait le penser. Cela tient au statut différent des fonctions maternelles et paternelles. L'« instinct maternel », bien entendu, n'existe pas. Par contre, le *sentiment maternel* a une existence bien réelle. Il se constitue plus ou moins lentement, tout au cours du développement de la grossesse, et prend un caractère qualitativement plus affirmé lors de la naissance. En outre, il préexiste, plus ou moins potentiellement, chez de nombreuses femmes qui, dans leur grande majorité, désirent être mères. Elles ont bien raison. Je pense, pour ma part, ayant travaillé longtemps dans une maternité, que cette expérience – *le fait d'être mère* – est un privilège incomparable des femmes. Le *sentiment paternel* connaît des vicissitudes plus complexes. Il y a des hommes qui sont jaloux de leur enfant, fille ou garçon (surtout garçon), comme si l'intérêt porté à celui-ci leur causait un préjudice affectif. Le privilège accordé au garçon dans notre culture phallocentriste rend souvent les mères plus attentives à l'enfant mâle. Aussi, dès le départ dans la vie, l'homme vit dans un « maternage » plus ou moins intensif. Sa tendance, plus ou moins inconsciemment, est de le rechercher chez sa compagne qui, par ailleurs, s'y prête spontanément et y trouve son compte. Aussi est-il plus facile pour un homme de rencontrer une femme « maternelle » que pour une femme de rencontrer un homme « paternel ». Parfois, cela constitue des couples solides. Souvent, d'ailleurs, les liens évoluent et se rééquilibrent différemment.

Les carences affectives de l'enfance, surtout de la petite enfance, sont souvent la cause de difficultés psychologiques difficilement réparables. Il faut vivre avec une demande affective qu'aucun être, quelle que soit sa disponibilité, ne peut réellement, complètement satisfaire. (C'est le cas de cette patiente dont je viens de résumer la douloureuse histoire.) Les couples, avant d'avoir des enfants, devraient s'interroger sur leur capacité à faire face à ces situations de totale disponibilité. Heureusement, ils ne le font pas ; sinon, peu de couples auraient des enfants. Faut-il dire que la « nature est bien faite » et pallie les insuffisances des parents immatures ?

Tous ces développements montrent à quel point la relation de couple est complexe et subtile. Décisif, me semble-t-il, est le potentiel de « créativité » dans le couple : l'aptitude, du fait de la rencontre amoureuse, à développer chez chacun des protagonistes des virtualités qu'il ignorait. C'est ce qu'on appelle, communément, « s'apporter quelque chose » l'un l'autre. Ce « quelque chose » est parfois difficile à désigner. Il ne s'objective pas nécessairement dans des « connaissances » nouvelles : je te fais « connaître » un écrivain, tu me fais « connaître » la musique. C'est là pure naïveté. Ce « quelque chose » est dans un enrichissement mutuel au niveau de la sensibilité, de la perception des « choses de la vie » et des rapports avec les gens. On pourrait avancer les termes « esthétique » ou « éthique ». Ce qui recouvrirait une compréhension plus approfondie des rapports aux êtres et au monde. On pourrait dire que chaque être humain est « artiste » à sa manière : sa sensibilité, sa finesse affective lui permettent de percevoir des éléments intéressants dans les rapports aux différents événements de la vie quotidienne. Il peut les rapporter à son partenaire, et c'est ainsi que se fait l'enrichissement mutuel. Il ne s'agit pas de discussions savantes sur les mérites respectifs des philosophies de Kant ou de Spinoza, ni de commentaires érudits sur la peinture, la musique, le cinéma, etc. Il s'agit d'*émotions partagées*, de se sentir à l'unisson devant n'importe quel « spectacle », que ce soit une saynette de la rue ou une représentation d'opéra. On peut même se comprendre sans rien dire. Ce silence partagé, dans une émotion profonde, où chacun se sent compris et accepté, voilà de « vrais » moments de bonheur. Ils sont rares, mais, quand ils existent, ils sont l'assurance de la solidité du couple, quels que soient les péripéties ou les malentendus.

L'« entente », le « bien s'entendre », est au fondement de la vie du couple. Cela dépend des couples, c'est-à-dire des individus engagés dans cette expérience. Les « exigences » des uns ne sont pas celles des autres. Ce que je peux affirmer, à la fois par le fait de mon activité professionnelle et de l'expérience de la vie, c'est que la « richesse humaine » n'est pas fonction de la qualité des diplômes ou de leur nombre. J'ai connu des agrégés de philosophie secs comme de vieux pruneaux. Surtout les femmes. Il me semble que les femmes, quand elles deviennent ambitieuses ou carriéristes, prennent tous les défauts des hommes. Ce sont des femmes « phalliques », des femmes de pouvoir. Peut-être même sont-elles frigides. En particulier dans les milieux de la moyenne bourgeoisie où les « bonnes manières » et les conventions l'emportent sur l'authenticité et la spontanéité. Tout est calcul, tout est faux. Je connais ainsi une patiente qui s'est engagée dans une relation amoureuse avec un homme d'origine modeste. Ses « manières » de grande bourgeoise l'empêchaient de laisser parler son cœur (et son corps). Aussi cet homme avait-il perdu toute confiance en cette amie incapable d'être authentique. En effet, l'« entente » dans un couple est liée à la confiance mutuelle. Cette confiance, nécessaire pour assurer au couple sa solidité et sa longévité, est liée à la « crédibilité » de chacun des partenaires l'un pour l'autre. Cette « crédibilité » n'est pas évidente. Parfois, elle est corrélative de l'illusion amoureuse: elle risque alors d'apparaître trompeuse et d'être facilement démasquée.

L'*entente sexuelle* est un élément essentiel de la vie du couple. Mais, avec les ans, peut apparaître une usure du désir. La relance du désir est alors entretenue par la tendresse, le sentiment de sécurité réciproque que s'apportent les partenaires du couple. Le « J'ai confiance en elle (ou en lui) » nécessite une certaine perspicacité qui puisse traverser les nuées trompeuses de l'idéalisation amoureuse. Et c'est l'expérience au quotidien qui joue le rôle décisif.

Le couple est bien, à sa manière, une société d'« entraide mutuelle ». Cela n'a rien de péjoratif ni de pessimiste. Au contraire. C'est la promotion du « réalisme », qui consiste à bien se connaître, d'abord soi-même, et ensuite l'autre, pour l'accepter dans toutes ses dimensions. L'important est de savoir quel est l'*élément essentiel* qui assure la vie du couple et, par là même, connaître la hiérarchie des valeurs qu'on est à même de partager l'un et l'autre.

L'*amour véritable* est là, dans cette quotidienneté partagée et toutes les épreuves affrontées en commun. Dire de la passion qu'elle n'est pas l'amour, ce n'est pas dénigrer la passion : c'est bien la situer dans toute la diversité des états affectifs suscités par le désir. La passion est une expérience exceptionnelle. À tous les sens du terme : exceptionnelle, parce que non renouvelable indéfiniment ; exceptionnelle, parce qu'elle est une « expérience intérieure », un vécu du désir qui pousse à l'extrême la capacité du sujet humain à se faire illusion. Or, l'illusion n'est pas une « moindre » réalité, une réalité au rabais : c'est une *autre réalité*, essentiellement subjective, comme l'est la foi pour les croyants. C'est en ce sens qu'elle est une « expérience intérieure ». L'intériorité, le vécu subjectif ont la même dignité, la même valeur que la « réalité » du réalisme. Seulement, c'est une réalité « trompeuse » par rapport au réel quotidien, de telle sorte qu'elle ne peut pas fonder une relation durable.

Cependant, les « choses de la vie » sont toujours étonnamment paradoxales : l'amour-passion peut évoluer vers un amour au long cours ; un amour de « raison » peut connaître des moments passionnels. Et réciproquement.

Tout, dans la vie affective et sexuelle, est contradictions, renversements, basculements, et ni l'astrologie ni les tarots ni le marc de café, ni même la psychologie et la psychanalyse ne peuvent prédire ou prévoir l'avenir d'un couple. Il est salutaire qu'il en soit ainsi. L'avenir, chez l'être humain, reste toujours ouvert, indécis et indécidable. L'être humain est imprévisible, et tout ce qui est humain est imprévisible. Les hommes politiques, les philosophes, les historiens devraient constamment avoir à l'esprit cet élément d'*aléatoire* qui est constitutif de l'humain. Mais les philosophes (entre autres) ont une fâcheuse tendance à rechercher la « vérité » dans leurs livres : leur expérience de la vie ne leur sert à rien. Ils aiment, ils font l'amour, ils ont des enfants, une famille, enfin, ils vivent comme tout le monde. Mais toute cette expérience au quotidien leur paraît souvent trop prosaïque, trop « vulgaire » pour en tirer le moindre enseignement.

Le sujet par lequel je pense souhaitable de conclure ce livre est capital mais difficile. Aussi tenterai-je, simplement, de ne pas dénaturer la complexité des problèmes. Nous savons que l'amour (l'amour sexuel) est une acquisition relativement récente dans l'histoire de l'humanité. Nous savons également, depuis Darwin, que l'être humain est d'origine animale. Mais, par le fait du travail, du langage, de la nécessité de la vie en commun pour assurer la survie du groupe humain, l'être humain est en décalage total, ou presque, avec les autres espèces animales. Ce qui caractérise l'être humain, c'est sa maîtrise de la nature par le *travail.* L'être humain est ainsi, de ce fait, un être social. Parallèlement, il est un être parlant. Partout où l'on trouve le moindre indice qui ressemble à un *outil* (par exemple le « biface », qui est une pierre taillée à usage multiple), on peut en déduire l'existence du langage : ce sont les mêmes réseaux nerveux du cerveau qui permettent simultanément la fabrication d'un outil, même rudimentaire, et l'existence du langage, c'est-à-dire d'un certain nombre de sons qui, par une organisation spéciale, permettent la dénomination des objets et des êtres. Dès lors, les *mots* remplacent les *choses* (« dans la tête », mais pas dans la réalité extérieure).

Cependant, il existe un point commun entre l'être humain et les autres espèces animales, c'est la *nécessité de la reproduction* et la division en deux sexes complémentaires, mâle et femelle, c'est-à-dire homme et femme. C'est la *sexualité* qui, à la fois, fait la jonction avec l'« animalité » originaire de l'humain, tout en l'en séparant à tout jamais.

L'organisation de la sexualité dans le cadre des *structures de parenté*, qui ont pris la forme actuelle de la famille, assigne à chacun sa place dans la *famille* (la filiation, la consanguinité) et nécessite de rechercher à l'extérieur (de la famille) le partenaire sexuel : c'est la *relation d'alliance*. La filiation est *verticale*, l'alliance est *horizontale* : elle est alors à l'origine d'une nouvelle famille, d'une nouvelle filiation, et ainsi de suite. Ces considérations ethnologiques sont indispensables pour connaître le statut particulier de la sexualité humaine et ses conséquences.

C'est l'organisation de la parenté qui a fait naître les « sentiments familiaux » et apparaître une autre forme de « sentiment », qui donne satisfaction à la nécessité sexuelle, c'est-à-dire l'*amour sexuel*. On pourrait dire que les « sentiments familiaux » sont issus d'une sexualité *refoulée*, qui laisse place uniquement à la tendresse. Avec l'amour sexuel naît un nouveau « sentiment », une dimension subjective nouvelle, qui est le *désir* : le « besoin » sexuel passe du « corps » dans la « tête », et l'affectivité donne sa place à la relation de tendresse.

Le problème qui se pose alors est le suivant : qu'est-ce qui donne au groupe humain sa *cohésion* ? La première réponse qui vient à l'esprit est la suivante : pour déplacer un rocher ou lutter contre des animaux prédateurs, il vaut mieux être plusieurs que tout seul. C'est ce qu'en langage contemporain on appelle la *solidarité*. Cette solidarité objective, nécessaire, fait naître un élément subjectif, un « sentiment » qu'en termes actuels on nommerait « camaraderie » ou « amitié ». Ainsi, les nécessités objectives de la survie du groupe créent à l'intérieur du groupe une « solidarité » qui s'éprouve comme un « sentiment » d'appartenance à ce groupe. C'est ce que, en psychanalyse, on qualifiera de *lien social*. Celui-ci exprime le vécu subjectif de la solidarité nécessaire, il est antérieur, par la force des choses, aux clivages de classes, qui apparaissent avec les développements de la production. Aussi, de la même façon qu'à l'intérieur de la famille la sexualité refoulée donne son existence et sa force aux « sentiments », variables selon la place qu'occupe chacun dans le rôle qui lui est imparti (père, mère, enfants, frère, sœur, etc.), les « sentiments » nés de la solidarité nécessaire sont également issus de la sexualité refoulée, qui seule est en mesure d'apporter l'« énergie » apte à constituer et à souder le *lien social*. En ce sens, l'« amour » dépasse largement la seule problématique du couple humain. Il est le constituant indispensable du lien social.

La religion chrétienne a compris, à sa manière, cette problématique de la nécessité de l'amour pour assurer la pérennité du lien social. Dieu et son représentant sur terre, le Christ, aiment également, d'un amour identique, tous les humains. Ainsi, tous les humains deviennent des frères d'une grande famille, qui ont le devoir et la nécessité de s'aimer les uns les autres. C'est cet *humanisme chrétien* qui, entre autres, fait la force de la religion catholique et, parfois, donne une telle force morale à ceux qui sont porteurs de la *foi*.

Les conditions concrètes d'un véritable humanisme sont trop complexes pour être discutées ici. Observons cependant que le lien social soude les groupes humains avec d'autant plus de force qu'ils ont à affronter un ennemi commun. Ce sont tous les problèmes des nationalismes que nous connaissons actuellement. On comprend aussi comment la guerre, à des fins nationales ou de conquêtes territoriales, ou, au siècle dernier, à des fins colonialistes, permet d'atténuer ou de supprimer les conflits de classes pour unir la Nation dans un « grand dessein ». On comprend aussi combien le problème des *identités* nationales ou ethniques est aigu et complexe. L'identité d'un individu est comme une fusée à étages multiples. C'est son appartenance « groupale » qui est décisive. D'abord familiale, par la désignation individuelle par le nom, c'est-à-dire le nom du père. N'oublions pas l'identité régionale, dont le nom du père peut être issu, à partir d'un *sobriquet* relatif à un *métier* spécifique d'une région donnée. Puis l'*identité nationale*, qui s'accompagne du sentiment d'appartenance à une même histoire, une même langue, une même culture. Cette identité groupale est ainsi le fait d'une identification de chacun des membres du groupe à un héros, réel ou mythique, du groupe. Ce lien « fraternel » est le fondement du lien social sans lequel aucun groupe humain, aucun groupe social, aucune société ne peut survivre.

Cette importance de l'amour, cette dimension *anthropologique* de l'amour, qu'il faut bien qualifier par cette expression, puisqu'elle ne concerne rien d'autre que l'existence du lien social, c'est-à-dire l'*existence des sociétés humaines* (indépendamment par ailleurs des problèmes de perpétuation de l'espèce), nous la retrouvons dans la vie prosaïque du couple, quand les conflits s'aiguisent et conduisent à des *ruptures meurtrières*. Le lien social est à la fois solide et fragile. Les faits divers témoignent de sa fragilité, qui est l'expression de la fragilité constitutive de l'être humain, tiraillé entre la force de ses « pulsions » et les règles de la vie sociale. L'amour sexuel est la forme

« socialisée » et « régulée » de la sexualité. Mais on sait bien que celle-ci déborde de toutes parts. Elle trouve toutes sortes d'expressions sociales détournées pour se satisfaire.

Elle anime toutes les péripéties affectives de la vie du couple : « adultère », jalousie, états passionnels et crimes passionnels, lesquels sont aux confins de la « folie ». Nous savons d'ailleurs que la « folie » est liée, la plupart du temps, aux débordements pulsionnels. La « condition humaine » est constituée par ce conflit fondamental entre les forces anarchiques issues des mouvements pulsionnels et les exigences des contraintes de la vie sociale. Aussi, à vrai dire, l'être humain ne peut pas être heureux. Le bonheur, dit Freud, n'est pas une valeur culturelle. Freud prône ainsi une morale du « réalisme » contre les dérapages incontrôlés provoqués par les illusions. Le bonheur est une « illusion », comme la « religion ». Mais l'« illusion », quelle qu'en soit la forme, est une nécessité de l'existence humaine. Paradoxalement, on pourrait dire que l'illusion fait partie de la réalité de l'existence humaine. Même l'ascète le plus endurci est, sans le savoir, lui aussi victime d'une « illusion » : il *croit* que son ascétisme lui donnera la satisfaction qu'il recherche.

Ainsi, l'amour est la seule « illusion » reconnue et consentie mutuellement. Mais la cohabitation au quotidien rétrécit, par la force des choses, la part d'« illusion ». L'amour « vrai », si l'on peut s'exprimer ainsi, est l'amour au quotidien et au long cours. La vérité des êtres s'y révèle, de telle sorte qu'on peut dire qu'ils s'unissent une deuxième fois, cette fois-ci sans « illusion », en connaissance de cause. Ce n'est plus le désir qui entretient le lien amoureux ; au contraire, c'est la complexité du lien amoureux, fait de tendresse et de tout cet apport mutuel constitutif de la vie du couple, qui pourvoit au maintien du désir. La maintenance du désir, son entretien, est lié à la connivence profonde, à la liberté d'accueil des fantasmes mutuels, à la connaissance des corps, dont l'amour au long cours est la garantie.

Certains, pour expliquer, croient-ils, la durée du couple, font état des « habitudes », de l'« habitude », comme s'il s'agissait de réflexes conditionnels. Le mot « habitude », au singulier comme au pluriel, recouvre effectivement une réalité. Mais il s'agit d'une réalité complexe, profonde, dont il n'est pas sûr qu'elle soit complètement élucidable. En effet, on impute à l'« habitude » le plus souvent le contraire de la durée et du maintien du couple : l'usure du désir, une saturation de la connaissance de l'« autre » (dont on n'a plus rien à découvrir), les agacements quotidiens devant de menus gestes mille fois reconnus et mille fois attendus. Cependant, derrière ces servitudes et cette grisaille, il doit bien y avoir un « quelque chose » qui fonctionne et qui n'appartient pas uniquement à des relations sadomasochistes subtilement gérées. Le couple *ne peut pas* être une solitude à deux. Cette expression ne veut strictement rien dire. En fait, le couple pallie la solitude, et cela ne constitue pas un avantage de seconde main, un avantage « en solde », en quelque sorte. La solitude est la pire des choses. Ceux qui en vantent la liberté le font faute d'avoir la lucidité et le courage de reconnaître qu'ils tuent le temps, à défaut de pouvoir se tuer eux-mêmes. La solitude est destructrice. Aussi difficile que puisse être la vie à deux, et elle l'est effectivement, elle est source d'enrichissement. Le « vieux garçon » égoïste qui mange son œuf sur le plat en regardant la télévision ne peut pas faire croire qu'il atteint le sommet du bonheur. Au mieux, il s'évite les contraintes et les efforts que nécessite l'accord des libertés, réelles parce que comprises et acquises, de deux êtres qui mettent en commun leurs problèmes et leurs espoirs.

Le couple est comme la démocratie : il est une *création*

continue. Il nécessite, comme le disait Montesquieu de la démocratie, beaucoup de vertus, non pas au sens moral du terme, mais par rapport aux qualités intellectuelles et humaines que se doivent mutuellement les partenaires.

Enfin, une dernière question, qui paraît relever plus de la « presse du cœur » que de la psychologie « haut de gamme » : y a-t-il un rapport de forces dans le couple ? En d'autres termes, un couple ne serait-il viable qu'à la condition que l'un des partenaires tienne sous sa *domination*, quelle qu'en soit la forme, son compagnon (ou sa compagne) de voyage ?

Contrairement aux apparences, peu de couples fonctionnent sur ce registre de la domination. Il y a plutôt des *alternances* de pouvoir, implicites et spontanées, ou bien une sorte de division du travail. Ainsi, un homme pourra réussir dans sa vie professionnelle grâce à l'accompagnement affectueux et à la compréhension active de sa compagne. Une femme pourra supporter les avanies rencontrées dans son entourage professionnel grâce à l'attention discrète et, surtout, à l'écoute crédible de son compagnon. On retrouve cette problématique de la *crédibilité* qui est au principe du fonctionnement de tout couple. Combien de femmes, dans l'illumination amoureuse, prêtent à leur compagnon les qualités dont elles souhaiteraient le voir doté, ce qui s'avère, au fil des ans, pure fantasmagorie ! Combien d'hommes vivent dans ce machisme primaire, qui leur fait considérer leur compagne comme un être passif et entièrement à leur dévotion, jusqu'au jour où le réveil est cruel qui voit leur compagne faire ses valises et leur jeter à la figure leurs quatre vérités, à savoir qu'ils ne sont que des enfants capricieux, et que le « roulement de mécaniques » a perdu tout son enchantement !

La crédibilité signifie que les deux êtres associés dans le couple sont au plus près de leur vérité profonde, mutuellement ; ils se connaissent, le mieux qu'il est possible, et s'acceptent ainsi, comme ils sont, au plus profond de leur sincérité.

Le *désillusionnement* implique souvent perte de la croyance et rupture de la relation de couple. Parfois, au contraire, le désillusionnement est une approche de la vérité commune, c'est-à-dire la connaissance des nécessités profondes qui œuvrent au fonctionnement et au maintien du couple. En effet, l'*illusion* est en rapport avec la croyance, porteuse de l'*idéalisation* de l'être aimé. Celui-ci est alors doté de toutes les qualités. Il représente ainsi l'idéal d'être du sujet lui-même. Tout amour est, par nature, narcissique : l'amoureux s'aime à travers l'être aimé. La passion pousse au comble tous ces processus liés à la croyance. L'amour au long cours, au contraire, nécessite d'accepter l'être aimé tel qu'il est, de l'aimer *pour ce qu'il est*, d'avoir la capacité de renoncer à toute idéalisation.

C'est un long et difficile travail sur soi-même qui est ainsi exigé, pour se débarrasser des images issues des naïvetés infantiles. En amour pas plus qu'en politique il n'y a de « sauveur suprême ». En paraphrasant Bertolt Brecht, on pourrait dire : malheureux l'être humain qui a besoin de croire aux vertus infaillibles de l'être aimé (comme est malheureux un peuple qui a besoin de croire en un chef suprême).

L'illusion et la croyance sont constitutives de l'amour. Dans la passion, elles prennent toute la place, l'*idéalisation* est à son comble. La passion est tout entière sous le signe du désir, qui métamorphose les choses et les êtres. La vie en commun est un long et difficile cheminement vers cet accès à la vérité des êtres, c'est-à-dire vers l'acquisition d'une sorte de « savoir ». Ce « savoir » sur soi-même, sur le partenaire et, surtout, sur les nécessités qui œuvrent à la constitution du couple, à son fonctionnement, éventuellement à son maintien, est une acquisition décisive. Il conditionne la survie du couple, ou bien son éclatement, selon la capacité, pour chacun des partenaires, à assumer cette vérité et leur vérité respective. Cependant, il reste *toujours* une zone d'ombre qui, paradoxalement, peut « travailler » au service du maintien du couple ou le miner sournoisement.

Ce discours n'est ni normatif ni moral. Il plaide pour la vérité, contre l'illusion, tout en redonnant à l'illusion une consistance de réalité particulière. La passion fonctionne au niveau de la croyance, une certaine « croyance ». L'amour « conjugal » au long cours peut se prévaloir d'un certain « savoir ». De la « croyance » au « savoir », du « savoir » à la « croyance », le « savoir » ou la « croyance » ? A chacun de faire son choix.

La vie est trop difficile et trop compliquée pour que quelqu'un puisse s'ériger en donneur de leçons. Le « médecin des âmes », comme le cordonnier, n'est pas nécessairement le mieux chaussé. Est-ce à dire que son discours ne serait que balivernes ? Pourquoi pas ? Il est un homme comme un autre, avec ses partis pris, ses valeurs, ses espérances. Transformer en écriture une écoute, des perceptions intuitives, un vécu changeant, complexe, difficile à retenir : cette transmutation-là relève plutôt du pari que du projet.

Je pense pour ma part que l'être humain, en tant que tel, ne peut pas être à la fois « objet » et « sujet » de connaissance. Il reste, à tout jamais, pris dans des zones d'ombre. Vivre est bien un pari.

Bibliographie sommaire

Barthes Roland, *Fragments d'un discours amoureux*, Le Seuil, 1977 (pour sa description des sentiments).

Bataille Georges, *l'Érotisme*, Gallimard, collection « Tel », 1992.

Freud Sigmund, *la Vie sexuelle*, Presses Universitaires de France, 1968 (pour l'amour et le narcissisme).

Freud Sigmund, *Essais de psychanalyse*, Presses Universitaires de France, 1981 (pour l'état amoureux et l'hypnose).

Freud Sigmund, *Trois essais sur la théorie de la sexualité*, Gallimard, collection Folio/Essais, 1987 (pour l'« étayage »).

Freud Sigmund, *la Technique psychanalytique*, Presses Universitaires de France, 1989 (pour l'amour de transfert).

Laplanche Jean, *Vie et Mort en psychanalyse*, Flammarion, 1970 (pour l'origine de la sexualité).

Reich Wilhelm, *la Révolution sexuelle*, Plon, 1968 (sur les tentatives de nouvelles modalités de vie sexuelle).

Scherer René, *Charles Fourier*, Seghers, 1970 (pour l'utopie).

Table des matières

3674

Imprimé en Allemagne par Elsnerdruck

pour le compte des
Nouvelles Éditions Marabout
D. L. n° 22802 - mai 2002
ISBN : 2-501-03722-7